Elogios a O GERENTE CONECTOR

"Todos sabem que os melhores gerentes são aqueles que fornecem constante feedback. Mas e se todos estiverem errados? Em *O Gerente Conector*, Roca e Wilde dão fim ao que se entende convencionalmente por gerenciamento, apresentando dados quantitativos e qualitativos convincentes para provar que feedback contínuo não é só uma abordagem de gestão improdutiva, mas também uma atitude contraproducente. Este livro é incrível, extremamente envolvente e fará com que mesmo os líderes e os gurus de gerenciamento mais experientes questionem suas filosofias."

— **Matt Dixon,** superintendente de produtos e pesquisa na Tethr e coautor de *A Venda Desafiadora*

"*O Gerente Conector* é um daqueles livros raros, que consegue surpreender. Você ficará por dentro das surpreendentes práticas de um pequeno grupo de gerentes que são excepcionais desenvolvedores de talentos. O mais importante é que você aprenderá como se tornar um deles... e, com isso, adquirir uma notável eficiência em dias atribulados."

— **Jay A. Conger,** coautor de *The High Potential's Advantage*

"*O Gerente Conector* ensina aos líderes como usar o poder das conexões a favor do desenvolvimento. É uma leitura fantástica que se mostra, ao mesmo tempo, ambiciosa e prática para os líderes de hoje."

— **Rob Cross,** professor Edward A. Madden de Liderança Global na Babson College e autor de *The Hidden Power of Social Networks*

"Ensinamos aos nossos alunos que o gerenciamento pode ser uma profissão nobre, e *O Gerente Conector* fornece um guia para esse objetivo. Ao descrever como tais gerentes podem ter um impacto desproporcional sobre seus funcionários, suas equipes e sobre toda organização na qual atuam, os autores realmente nos mostram como grandes gerentes podem mudar o mundo."

— **Derek van Bever,** palestrante sênior e diretor do Forum for Growth & Innovation na Harvard Business School

O GERENTE CONECTOR

Por Que Alguns Líderes
Constroem Talentos Excepcionais
— E Outros Não

JAIME ROCA E **SARI WILDE**

ALTA BOOKS
E D I T O R A
Rio de Janeiro, 2022

O Gerente Conector

Copyright © 2022 da Starlin Alta Editora e Consultoria Eireli.
ISBN: 978-85-5081-520-6

Translated from original The Connector Manager. Copyright © 2019 by Gartner, Inc. ISBN 978-0-5930-8382-6. This translation is published and sold by permission of Portfolio, an imprint of Penguin Random House LLC, the owner of all rights to publish and sell the same. PORTUGUESE language edition published by Starlin Alta Editora e Consultoria Eireli, Copyright © 2022 by Starlin Alta Editora e Consultoria Eireli.

Impresso no Brasil — 1ª Edição, 2022 — Edição revisada conforme o Acordo Ortográfico da Língua Portuguesa de 2009.

Todos os direitos estão reservados e protegidos por Lei. Nenhuma parte deste livro, sem autorização prévia por escrito da editora, poderá ser reproduzida ou transmitida. A violação dos Direitos Autorais é crime estabelecido na Lei nº 9.610/98 e com punição de acordo com o artigo 184 do Código Penal.

A editora não se responsabiliza pelo conteúdo da obra, formulada exclusivamente pelo(s) autor(es).

Marcas Registradas: Todos os termos mencionados e reconhecidos como Marca Registrada e/ou Comercial são de responsabilidade de seus proprietários. A editora informa não estar associada a nenhum produto e/ou fornecedor apresentado no livro.

Erratas e arquivos de apoio: No site da editora relatamos, com a devida correção, qualquer erro encontrado em nossos livros, bem como disponibilizamos arquivos de apoio se aplicáveis à obra em questão.

Acesse o site www.altabooks.com.br e procure pelo título do livro desejado para ter acesso às erratas, aos arquivos de apoio e/ou a outros conteúdos aplicáveis à obra.

Suporte Técnico: A obra é comercializada na forma em que está, sem direito a suporte técnico ou orientação pessoal/exclusiva ao leitor.

A editora não se responsabiliza pela manutenção, atualização e idioma dos sites referidos pelos autores nesta obra.

Dados Internacionais de Catalogação na Publicação (CIP) de acordo com ISBD

R669g   Roca, Jaime
           O gerente conector: por que alguns líderes constroem talentos excepcionais - e outros não / Jaime Roca, Sari Wilde; traduzido por Wenny Miozzo. – Rio de Janeiro : Alta Books, 2022.
           272 p. : il. ; 16cm x 23cm.

           Tradução de: The Connector Manager
           Inclui índice e apêndice.
           ISBN: 978-85-508-1520-6

           1. Gestão. 2. Liderança. 3. Gerenciamento de pessoal. I. Wilde, Sari. II. Miozzo, Wenny. III. Título.

                                                             CDD 658.401
2022-974   CDU 658.011.2

Elaborado por Odílio Hilario Moreira Junior - CRB-8/9949

Índice para catálogo sistemático:
1. Administração : gestão 658.401
2. Administração : gestão 658.011.2

Produção Editorial Editora Alta Books	**Coordenação Comercial** Thiago Biaggi
Diretor Editorial Anderson Vieira anderson.vieira@altabooks.com.br	**Coordenação de Eventos** Viviane Paiva comercial@altabooks.com.br
Editor José Ruggeri j.ruggeri@altabooks.com.br	**Coordenação ADM/Finc.** Solange Souza
Gerência Comercial Claudio Lima claudio@altabooks.com.br	**Direitos Autorais** Raquel Porto rights@altabooks.com.br
Gerência Marketing Andrea Guatiello marketing@altabooks.com.br	

Produtores Editoriais
Illysabelle Trajano
Maria de Lourdes Borges
Paulo Gomes
Thales Silva
Thiê Alves

Equipe Comercial
Adriana Baricelli
Ana Carolina Marinho
Daiana Costa
Fillipe Amorim
Heber Garcia
Kaique Luiz
Maira Conceição

Equipe Editorial
Beatriz de Assis
Betânia Santos
Brenda Rodrigues
Caroline David
Gabriela Paiva
Henrique Waldez
Kelry Oliveira
Marcelli Ferreira
Mariana Portugal
Matheus Mello

Marketing Editorial
Jessica Nogueira
Livia Carvalho
Marcelo Santos
Pedro Guimarães
Thiago Brito

Atuaram na edição desta obra:

Tradução
Wenny Miozzo

Diagramação
Luisa Maria Gomes

Copidesque
Kathleen Miozzo

Capa
Larissa Lima

Revisão Gramatical
Ana Gabriela Dutra
Hellen Suzuki

Editora afiliada à:

ASSOCIADO

ALTA BOOKS
EDITORA

Rua Viúva Cláudio, 291 – Bairro Industrial do Jacaré
CEP: 20.970-031 – Rio de Janeiro (RJ)
Tels.: (21) 3278-8069 / 3278-8419
www.altabooks.com.br — altabooks@altabooks.com.br
Ouvidoria: ouvidoria@altabooks.com.br

Às nossas equipes, que nos apoiam, desafiam e inspiram a nos tornarmos gerentes melhores.

AGRADECIMENTOS

PRINCIPAIS COLABORADORES

Embora este livro tenha dois autores na capa, ele é, como a maioria de nossos estudos de pesquisa, fruto de um imenso esforço coletivo. No topo da lista de colaboradores, temos quatro profissionais da Gartner que, juntamente com os autores, ajudaram a tornar este livro possível.

Lucy Coyle

Lucy foi uma parceira fundamental para Sari e Jaime no processo de escrita deste livro. Sua criatividade e maestria em narrativas foram inestimáveis durante o desenvolvimento de muitas partes da obra. Com sua ajuda, desenvolvemos histórias mais rápido do que poderíamos imaginar, descobrimos novas e interessantes perspectivas, e também encontramos a linguagem certa para expressarmos

© Gartner, Inc.

nossas ideias. Além disso, Lucy atuou como diretora sênior de pesquisa, liderando a vertente qualitativa no estudo original, *A New*

Manager Mandate. Ela ajudou a escrever muitos dos estudos de caso originais da empresa e conduziu grande parte da nossa pesquisa sobre o Gerente Conector. Atualmente, Lucy se dedica ao seu MBA na Universidade de Michigan.

Drew Kott

Drew foi um membro fundamental da equipe deste livro, sempre trazendo novos insights às reuniões do grupo, liderando toda a pesquisa secundária, ajudando a registrar todas as notas finais, calculando e gerenciando os números e, em geral, nos mantendo no caminho certo. Ele também trabalhou em novas pesquisas e artigos sobre o Gerente Conector, que vieram a ser a base do livro. Drew é atualmente um especialista na equipe de pesquisa, com foco em tópicos de liderança e habilidades essenciais.

© Gartner, Inc.

Lauren Smith

Lauren atuou como líder de pesquisa no trabalho original, *A New Manager Mandate*. Ela ajudou a desenvolver e testar as três conexões que os Conectores realizam e foi uma das principais líderes de concepção do modelo original desse tipo de gerente. Suas fortes habilidades de gerenciamento de pessoas, lógica e

© Gartner, Inc.

racionalidade, bem como sua capacidade de manter a calma durante qualquer atribulação nos levaram ao sucesso da pesquisa original do Gerente Conector, assim como diversos outros estudos que ela conduziu durante sua longa carreira na empresa. Lauren é requisitada por muitos pesquisadores devido à sua parceria na concepção e capacidade de esclarecer problemas complexos de pesquisa. Hoje, ela atua como vice-presidente de práticas de RH, liderando pesquisas sobre tópicos de recrutamento e tecnologia de RH.

James Atkinson

James atuou como diretor de pesquisa, líder de estudo e líder quantitativo no estudo original, *A New Manager Mandate*. Ele foi uma força motriz na criação do modelo original de Gerente Conector, incluindo todos os quatro tipos de gerentes. Ele atuou como gerente de projetos no dia a dia da pesquisa, ajudando a redigir a pesquisa original e liderando a equipe quantitativa durante nossa análise inovadora. Nossa pesquisa quanto aos Gerentes Conectores e, subsequen-

© Gartner, Inc.

temente, a conclusão deste livro não teriam sido possíveis sem as poderosas habilidades de pesquisa e gestão de James. Hoje, ele atua como vice-presidente de RH, no comando de uma grande equipe de pesquisa quantitativa que se dedica a diversos tópicos de análise para profissionais de RH.

NOSSOS MAIS SINCEROS AGRADECIMENTOS

Além dos principais colaboradores deste livro, esta obra jamais seria possível sem o comprometimento e o apoio de uma longa lista de indivíduos e organizações.

Em primeiro lugar, nosso imenso agradecimento a Jacqueline Murphy e Heather Pemberton Levy. Jacque atuou como colaboradora e editora, nos ajudando a moldar, refinar e melhorar nossa escrita. Heather nos treinou para escrevermos um livro (e não um estudo de pesquisa) e foi uma conselheira e parceira de concepção essencial durante todo o processo de escrita desta obra. Gostaríamos também de agradecer a Andrew Spender por seu apoio contínuo ao programa de literatura da Gartner.

Também gostaríamos de agradecer aos membros de nossa equipe de pesquisa da Gartner que trabalharam no estudo original e contribuíram para o sucesso do livro. Taryn Ohashi e Swagatam Basu trouxeram sua liderança de concepção e excelência quantitativa para a análise, e nunca desistiram enquanto seguíamos na busca por mais detalhes. Eles trabalharam diretamente com Gloria Huangpu, que ajudou a desenvolver os estudos de caso originais. Gostaríamos também de agradecer a Michele Flom e Nathan van Arkel-Priest, ex-pesquisadoras da Gartner que trabalharam conosco na pesquisa.

Audrey Taylor, vice-presidente de consultoria da Gartner, foi o rosto e a voz originais da nossa pesquisa do Gerente Conector. Ela ajudou a moldar a história do Conector, apresentando-a aos nossos clientes atuais e potenciais em reuniões por todo o mundo. Kimberly Shells continua a contar a história do Conector aos nossos clientes por meio de reuniões virtuais e webinars. O setor de consultoria de RH da Gartner disponibiliza a pesquisa aos nossos clientes diariamente para ajudá-los a aplicar nossas descobertas a suas prioridades essenciais.

Somos muito gratos aos diversos líderes da Gartner que forneceram seu feedback e orientação acerca do manuscrito. Agradecemos especialmente a Brent Adamson, distinto vice-presidente, consultor e autor de *A Venda Desafiadora* e *The Challenger Costumer* ["O Cliente Desafiador", em tradução livre], pelos conselhos e feedback. Gostaríamos também de agradecer a Peter Aykens, honrado vice-presidente de pesquisa da Gartner, por seu feedback instigante sobre os rascunhos anteriores de nosso manuscrito. Eva Flaherty, diretora de desenvolvimento de força de trabalho da Gartner, compartilhou uma conveniente perspectiva de RH em capítulos importantes.

Este livro não teria sido possível sem os Gerentes Conectores e profissionais de RH que compartilharam suas histórias conosco. Alison Kaplow, da Accenture; Tonika Cheek Clayton, do NewSchools Venture Fund; Pranav Vora, da Hugh & Crye; e Brandy Tyson generosamente compartilharam suas histórias de Conectores conosco. Gostaríamos também de agradecer a Anita Karlsson-Dion, Patrick Brossard, Stuart Asbury, Jason Trujillo e Elena Perez Moreno, da IBM; Lacy Roberson, do eBay; Steve Howell, recentemente aposentado da Tsogo Sun; Kimberly Bringas, da Olark; Einat Pilowsky, da Amdocs; Ginny Gray, da Intel; Andrea Bell, da Herbert Freehills Smith; Nick Mailey, da Intuit; Liz Mackay, da DSM; e Michael O'Leary, da Universidade Georgetown.

Gostaríamos também de agradecer à nossa agente, Jill Marsal, pelo suporte no desenvolvimento de propostas, escrita e publicação, e ao nosso dedicado editor, Kaushik Viswanath, da Portfolio.

xii AGRADECIMENTOS

Por fim, e mais importante, gostaríamos de agradecer às nossas famílias por seu amor e apoio durante todo o processo de escrita do livro (enquanto trabalhamos simultaneamente em nossos empregos oficiais).

Jaime gostaria de agradecer à sua esposa, Anne, por todo seu apoio e encorajamento, e suas filhas, Emma, Margaux e Adele, por sua empolgação com o desenvolvimento do livro, o que o motivou durante as madrugadas e os fins de semana.

Sari gostaria de agradecer a seu marido, JD, por tê-la ajudado em casa e por sempre apoiá-la, mesmo enquanto começava seu próprio negócio, e a Alex e Kayla, por todo seu amor, paciência e entusiasmo dedicados à sua mãe enquanto ela trabalhava noites e fins de semana para se tornar uma autora.

SUMÁRIO

INTRODUÇÃO
xv

CAPÍTULO 1
Que Tipo de Gerente É Você?
1

CAPÍTULO 2
As Limitações do Gerente Disponível
31

CAPÍTULO 3
O Gerente Conector
55

CAPÍTULO 4
A Conexão de Funcionários: Conheça (Realmente) Seus Funcionários
87

CAPÍTULO 5
A Conexão de Equipe: Torne o Desenvolvimento um Esforço Coletivo
119

xiv SUMÁRIO

CAPÍTULO 6
A Conexão de Organização: Garanta a Qualidade —
Não Apenas a Quantidade — das Conexões
149

CAPÍTULO 7
Criando uma Empresa Conectora
173

CONCLUSÃO
Tornando-se Superconectores
199

Apêndice 1: Plano de Ação do Gerente Conector
205

Apêndice 2: Quiz: Que Tipo de Gerente É Você?
210

Apêndice 3: Conjunto de Ferramentas para
Gerentes Conectores
219

Notas
235

Índice
247

INTRODUÇÃO

São 15h21 de uma quarta-feira em São Francisco. Marta Romero volta para seu escritório exausta após uma de suas muitas reuniões. Ela tem nove minutos antes de sua próxima reunião com um de seus funcionários diretos, Jon Goldberg, que enfrenta problemas em um de seus projetos. Ele está trabalhando no lançamento de um novo aplicativo de desenvolvimento. Romero inspira fundo e expira — ela não estava por dentro dos percalços do desenvolvimento nem possui novos conhecimentos técnicos para ajudá-lo. Depois de olhar sua lista de *tarefas* daquele dia, que cresce à medida que o dia avança, ela pressiona control + alt + delete para religar seu computador; 32 e-mails a esperam. Romero sente a tensão de gerenciar seu próprio trabalho enquanto, simultaneamente, tenta treinar os membros de sua equipe à medida que conduzem seus projetos — muitos exigem habilidades e conhecimentos que ela não possui. Por um instante, ela considera adiar a reunião com Goldberg... novamente. Essa mesma reunião já foi reagendada por ela naquele mês.

Em qualquer dia, em todo o mundo, a realidade dos gerentes de hoje se assemelha à de Romero. Tarefas urgentes têm prioridade sobre uma lista cada vez maior de expectativas e demandas. Itens a fazer, incluindo responsabilidades de coaching, tornam-se listas de *xvi* INTRODUÇÃO

desejos "prováveis" — e o mundo gira desenfreadamente ao redor disso. Algo precisa ficar para trás, mas o quê?

Em muitos casos, como o de Romero, gerentes de coaching e de interações de feedback *gostariam* de desistir. Além das constantes restrições de tempo, muitos gerentes simplesmente não confiam em sua capacidade de orientar corretamente seus funcionários por toda a amplitude e a profundidade de suas atividades. O resultado é que esses gerentes deixam o coaching para depois, priorizando tantas outras atividades urgentes ou apenas "improvisando" quando precisam ajudar em áreas nas quais não possuem experiência.

Até agora, a trajetória de Romero foi bem-sucedida. Ela subiu na hierarquia de sua empresa de tecnologia de médio porte — foi de desenvolvedora de software individual a gerente de uma equipe de trinta pessoas — e, por isso, Romero sabe que um dos segredos de seu próprio sucesso é ajudar sua equipe a tornar-se mais autossuficiente. Ela também sabe que é mais fácil fazer alguns trabalhos do que repassá-los para os outros, mesmo que tarefas futuras precisem ser colocadas em segundo plano até que ela tenha tempo de se envolver mais. Em um bom dia, Romero age como o coração de sua equipe, atuando em todas as frentes como especialista no assunto e aconselhando seus funcionários. Em um dia ruim, ela sai do escritório sentindo-se culpada por não conseguir fornecer a orientação de que eles precisam.

Como líderes de pesquisa e consultoria na Gartner, passamos centenas de horas todos os dias conversando com executivos seniores de todo o mundo e ouvimos, repetidamente, que o desenvolvimento de gerentes é uma de suas prioridades. Sabemos que a eficácia dos gerentes tem um enorme impacto no desempenho e no engajamento de funcionários, bem como nos resultados dos negócios em organizações de todos os tamanhos, setores e localizações — e as empresas estão fazendo investimentos consideráveis para melhorar a preparação dos gerentes por meio de treinamentos, coaching e tecnologia. Na realidade, independentemente desses investimentos, nossos dados mostram de modo consistente que os gerentes simplesmente não têm o necessário para obter sucesso no contexto atual, em constante movimento e evolução.

Mas essa não é a história completa. Em nosso trabalho, também vemos gerentes por todo o mundo lutando para "agradar a gregos e troianos". À medida que as tarefas dos funcionários se tornam mais complexas e desafiadoras, os papéis dos gerentes também adquirem a mesma proporção. Como gerentes, também sentimos isso. As organizações estão mudando depressa, a tecnologia está alterando a forma como colaboramos com nossas equipes dispersas pelo globo e as habilidades que precisamos para liderar estão mudando rapidamente. Os funcionários se sentem despreparados e estão exigindo mais de seus gerentes e organizações. E observamos empresas reagindo de acordo — lançando iniciativas contínuas de coaching e feedback, exigindo que os gerentes dediquem mais tempo ao desenvolvimento contínuo de todos os seus funcionários. No entanto, gerentes e líderes têm percebido que esses programas não alcançam os resultados desejados. Os gerentes estão sobrecarregados e simplesmente não conseguem treinar continuamente seus funcionários de forma eficaz em todas as suas necessidades.

Após extensa pesquisa, encontramos um caminho melhor. Em vez de tentar "agradar a gregos e troianos" e servir como a única resposta para todas as necessidades dos funcionários, a abordagem do Gerente Conector oferece uma opção mais esclarecida. Ela fornece o treinamento e o desenvolvimento essencial que os funcionários precisam, enquanto *também* proporciona alívio para os gerentes

xviii INTRODUÇÃO

sobrecarregados que buscam algo melhor. Imagine Romero entrando na mesma reunião que temia com seu funcionário direto, Jon Goldberg. Dessa vez, ela está munida das ferramentas e da confiança de que precisa para resolver qualquer problema de coaching. Imagine que agora ela possa entender rapidamente os desafios específicos de Goldberg e conectá-lo com o suporte de pessoas que tenham o conhecimento e a experiência que ele procura. A abordagem do Conector ajudaria Romero e Goldberg a obterem resultados extraordinários individualmente e em equipe — em contraste com o cenário atual, que deixa Romero apreensiva, sobrecarregada e correndo o risco de dar conselhos ruins a seu funcionário.

Ao longo deste livro, forneceremos a você, gerente, um roteiro novo e aprimorado para coaching e desenvolvimento. No Capítulo 1, exploraremos como cada gerente, independentemente do nível, setor ou localização, segue uma das quatro abordagens de coaching e desenvolvimento de seus funcionários. No Capítulo 2, discutiremos por que o gerente disponível, que tem sido considerado o modelo correto para melhorar o desempenho do funcionário, realmente causa mais problemas do que soluções. No Capítulo 3, revelaremos o que os Gerentes Conectores fazem de diferente para atingir níveis muito mais altos de desempenho da equipe. Os Capítulos 4, 5 e 6 servirão como seu "manual" para se tornar um Gerente Conector. Como parte disso, compartilharemos nossa pesquisa, assim como diversas histórias reais de um variado grupo de Gerentes Conectores. Para encerrar, elaboramos um capítulo sobre como criar uma Organização Conectora pela adição e pelo desenvolvimento de Conectores, e como os líderes seniores podem se tornar "Superconectores" ao aplicar seu alcance e influência a suas organizações para criar uma infraestrutura que capacite mais Conectores.

Seja você um aspirante a gerente ou alguém que gerencia pessoas há décadas, este livro fornecerá as técnicas necessárias para melhorar *e* criar mais Conectores em sua empresa. Esses Conectores construirão equipes com maior desempenho, mais engajamento e produtividade — resultados que todos gostaríamos de ver em nossas organizações. Nosso ímpeto de escrever este livro surgiu de nosso próprio desejo de nos tornarmos melhores gerentes dentro de nossas equipes. Estamos ansiosos para compartilhar nossa pesquisa, nosso aprendizado e uma nova abordagem de gerenciamento que possa proporcionar uma vantagem em seu trabalho e ajudá-lo a tornar-se o melhor gerente que você pode ser.

10 de abril de 2019
Jaime Roca
Sari Wilde

CAPÍTULO 1

Que Tipo de Gerente É Você?

É melhor mudar de opinião do que persistir em uma errada.[1]
— *Sócrates, filósofo grego*

OS JAVALIS SELVAGENS

Em 2 de julho de 2018, uma segunda-feira, um mergulhador da força de elite chegou ao fundo de uma caverna subterrânea ao longo da fronteira da Tailândia e Mianmar. Ao nadar até a superfície e levantar sua cabeça para fora da água turva, deparou-se com 13 pares de olhos encarando-o na escuridão. Uma forte emoção tomou conta dele quando percebeu que havia encontrado o time de futebol Moo Pa (Javalis Selvagens) — um grupo de 12 meninos e seu técnico de 25 anos que ficaram presos depois de explorar a entrada da caverna de Tham Luang, com 10km de extensão, e foram surpreendidos por uma inundação repentina 10 dias antes.[2] Os meninos e o técnico estavam amontoados em uma área elevada conhecida como Praia de Pattaya, abrigados em uma borda cercada por água a mais de

O GERENTE CONECTOR

1,5km da entrada principal da caverna.[3] Os mergulhadores navegaram pouco mais de 3km de passagens estreitas e inundadas que separavam o refúgio dos Javalis Selvagens da entrada principal da caverna. O mundo inteiro acompanhou o trabalho de resgate internacional e respirou aliviado coletivamente quando a descoberta revelou o melhor resultado possível: todos os 13 Javalis Selvagens estavam vivos e passavam bem.

Porém, a comemoração durou pouco tempo, pois a caverna continuava inundada e os meninos ainda estavam presos e precisavam ser resgatados. Ainda que as operações de busca e resgate frequentemente impliquem em urgência e riscos, o esforço heroico na caverna tailandesa foi excepcional. O número de crianças desaparecidas (muitas não sabiam nadar, muito menos mergulhar), as condições climáticas em mudança acelerada e a complexidade do labirinto subterrâneo de cavernas pouco navegáveis exigiram uma equipe de especialistas em mergulho para coordenar a missão.[4] Os esforços para bombear a água para fora da caverna começaram imediatamente, quando os socorristas tentaram aproveitar uma pausa nas chuvas de monção. Independentemente disso, um dia de chuvas fortes inundaria novamente partes da caverna com água tão turva que os mergulhadores por vezes a comparavam com nadar em café.[5] O resgate deu uma guinada fatal quando um ex-fuzileiro naval da Marinha Tailandesa, Saman Kunan, morreu durante a missão que colocaria tanques de oxigênio ao longo da rota para ajudar no acesso aos meninos. No processo, seu próprio tanque de oxigênio chegou ao fim — ilustrando gravemente o risco envolvido em qualquer resgate que dependa de equipamentos de mergulho.[6] O bombeamento de água 24h por dia compensou, tornando acessíveis algumas partes da caverna, mas a retirada dos meninos ainda dependia de sua habilidade de respirar por equipamentos de mergulho, ainda que sem nenhuma experiência.[7] Após 18 dias, com equipes de resgate enfrentando um trajeto de 11 horas em certos momentos, os meninos e seu técnico foram milagrosamente retirados da caverna com segurança.[8]

Os dias e as semanas do resgate comprovaram o poder da colaboração global para salvar o time dos Javalis Selvagens de uma possível cova submarina. Enquanto o mundo assistia ofegante, vários personagens-chave se revelaram como heróis: os próprios Javalis, mantendo-se incrivelmente resistentes sob circunstâncias difíceis; o fuzileiro naval que faleceu assegurando que os próximos mergulhadores tivessem tanques de ar substitutos; e, é claro, a Marinha Real Tailandesa e outros voluntários locais e internacionais dos EUA, da China, da Grã-Bretanha e da Austrália. No entanto, apesar de desempenhar um papel fundamental no resgate da caverna tailandesa, um participante passou despercebido: o governador da província de Chiang Rai, Narongsak Osottanakorn, responsável pela coordenação da missão.

Poucos gerentes enfrentarão uma situação de vida ou morte como o resgate na caverna de Tham Luang. Porém, gerentes ao redor do mundo encontram situações complexas, urgentes e desconhecidas na busca por resultados melhores e mais sólidos. O principal encargo de um gerente é resolver um número crescente de problemas complexos e obter resultados extraordinários *por meio de outras pessoas*. A dinâmica do resgate na caverna tailandesa pode parecer excepcional quando comparada à sua própria dinâmica de trabalho, mas o governador Osottanakorn foi essencialmente como muitos de nós: um gerente que coordenava, motivava e orientava uma equipe. Ele atuou como um gerente que conseguia navegar em ambas as direções, visando comunicar mensagens essenciais, além de proteger e distribuir recursos importantes rapidamente. Embora Osottanakorn pudesse recorrer apenas aos recursos em seu alcance imediato, os fuzileiros da Marinha Real Tailandesa, ele escolheu outro caminho. Quando falarmos novamente sobre o governador, você perceberá que foi sua avaliação serena das habilidades das equipes de mergulho, juntamente com seu instinto de usar os talentos à sua disposição para testar maneiras alternativas de resgatar o time, que possibilitaram o gerenciamento desse resgate praticamente impossível.

A INCRÍVEL COMPLEXIDADE DO GERENCIAMENTO

Atualmente, há aproximadamente 160 milhões de gerentes no mundo — profissionais que precisam impulsionar o desempenho e cumprir tarefas *por meio de outras pessoas*.[9] E essa última frase — a parte da administração "por meio de outras pessoas"— é geralmente a raiz do problema. As pessoas são inerentemente imperfeitas, opinativas e, às vezes, emotivas. Em um dia ruim, ser um gerente de pessoas pode parecer uma missão impossível. Em um bom dia, gerentes são a ponte fundamental entre a organização e seus funcionários, transformando estratégias organizacionais em ações concretas. Mas não importa se você administra uma corporação dentre as 100 melhores da revista *Fortune*, uma agência governamental ou uma pequena empresa, ou se a sua gestão enfrenta mais dias bons do que ruins, hoje, a maioria dos gerentes se sentem sobrecarregados e subestimados.[10]

É claro que a função de gerente sempre apresentou seus desafios. A essência do trabalho exige que os gerentes de pessoas lidem com uma carga pesada de responsabilidades. Isso inclui integrar novos funcionários, comunicar padrões de desempenho, identificar lacunas em suas habilidades, promover desenvolvimento no trabalho, conversar sobre carreiras e muito mais. Espera-se que os gerentes absorvam essas responsabilidades como parte de seu trabalho, e isso normalmente significa que eles são mais ocupados e que as reuniões tomam mais o seu tempo do que o de seus colegas. Além disso, eles sempre estão à disposição para emergências de última hora dos funcionários ou desafios de trabalho. Em resumo, o dia de um gerente não gira em torno deles mesmos. Como se isso não bastasse, três mudanças contínuas aumentam a complexidade de sua carga de trabalho crescente.

Em primeiro lugar, *mudanças macroeconômicas dificultam o gerenciamento*. Embora, tradicionalmente, gerentes possam ter conseguido conciliar suas responsabilidades crescentes, algumas mudanças macroeconômicas tornaram isso uma *batalha*. Hoje, vemos um aumento nas tensões comerciais, mudanças políticas gigantescas por todo o mundo e um ciclo econômico mais lento e volátil. Nas palavras de um profissional: "Como gerentes, nos deparamos com a necessidade de nos ajustarmos com mais frequência do que nunca, à medida que forças políticas e econômicas externas afetam a estratégia de nossa empresa."

Segundo, *o trabalho é mais interdependente*. Durante a grande recessão de 2008, a maioria das organizações simplificou suas estruturas, eliminando níveis hierárquicos para reduzir custos.[11] O alcance do controle dos gerentes aumentou e permaneceu assim — mesmo depois da retomada do crescimento da economia.[12] O gerente típico de hoje tem uma equipe de nove funcionários, os quais têm tantas relações dentro da companhia que a maioria dos gerentes não consegue acompanhar.[13] Como as empresas de hoje são mais matriciais, funcionários e gerentes devem se destacar não apenas por realizarem tarefas rapidamente, mas também por fazê-las com e para mais pessoas.

Terceiro, *o trabalho é menos previsível*. Nos últimos três anos, uma organização típica passou por cinco mudanças a nível corporativo.[14] Isso pode incluir, entre outros, uma mudança organizacional ou de liderança, uma fusão ou uma aquisição. E essas mesmas organizações preveem um ritmo de mudança que só aumentará no futuro próximo. Não usamos mais o modelo da Revolução Industrial, no qual as pessoas recebem planos de trabalho previsíveis a partir de uma hierarquia estável e desempenham suas tarefas individuais. Hoje, o trabalho é mais dinâmico, com horizontes temporais mais curtos, forçando os gerentes a ajustarem planos e fluxos de trabalho constantemente.

O efeito dessas mudanças é que, agora, os gerentes precisam assumir uma gama mais ampla e complexa de responsabilidades. Considere uma grande empresa de jogos da África do Sul que simultaneamente viveu transformações digitais e na força de trabalho. O crescimento da empresa gerou uma força de trabalho cada vez mais jovem e diversificada, e uma camada de gerenciamento com menos estabilidade. Segundo Steve Howell, diretor do setor de aprendizado e desenvolvimento da organização: "Há 20 ou 30 anos, uma máquina caça-níqueis em um cassino era um dispositivo mecânico; agora, é computadorizada. Dependemos 90% da capacidade técnica. Para ser um bom gerente nessa área, é preciso competência técnica." Em outras palavras, os gerentes do cassino enfrentam o grande desafio de aprender novas tecnologias enquanto treinam suas equipes para essas novas habilidades.

A IBM enfrentou desafios semelhantes à medida que continuava a transformar seu portfólio de negócios. Quando conversamos com Jason Trujillo, vice-presidente de Desenvolvimento de Liderança e Aprendizado da IBM, ele nos disse que metade da receita da organização é proveniente de negócios que nem sequer existiam há cinco anos. Isso significou preparar os mais de 350 mil funcionários da empresa em habilidades para o futuro e reformular seu trabalho de modo a impulsionar inovação e engajamento do cliente. Tais mudanças organizacionais contínuas e em larga escala não afetam apenas a maneira como os negócios são feitos. Elas também são uma força motriz por trás das enormes e contínuas mudanças nas habilidades que os funcionários precisam para obter êxito — e, por associação, nas que os gerentes precisam para gerenciar.

UM NOVO MODELO DE GERENCIAMENTO

Além do estresse enfrentado pelos gerentes ao lidar com sua própria mudança de responsabilidades, eles também precisam auxiliar funcionários preocupados com a possibilidade de suas habilidades se tornarem irrelevantes. De fato, com mudanças resultantes da digitalização e transformação organizacional, colaboradores citam a necessidade de aprimorar suas habilidades como sua principal preocupação. Em uma de nossas pesquisas recentes, quando perguntamos a mais de 7 mil funcionários em todo o mundo o que eles precisavam para gerenciar adequadamente as mudanças, as duas principais respostas foram: "aprimoramento de habilidades" e "capacidade de trabalhar com mais rapidez."[15] À medida que a tecnologia domina os fluxos de trabalho das empresas, a inteligência artificial e as novas tecnologias não estão apenas mudando as capacidades necessárias aos funcionários, mas também transformando a maneira como as empresas operam. Quando perguntamos aos funcionários sobre as habilidades fundamentais para o seu sucesso hoje e qual seria sua eficácia em desempenhá-las, 70% nos disseram que não dominavam as habilidades necessárias para seus cargos atuais (veja a Figura 1).[16]

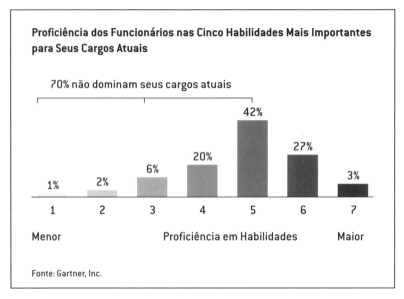

Figura 1: Proficiência dos funcionários nas cinco habilidades mais importantes para seus cargos atuais

Pare e pense sobre essa estatística. Essencialmente, ela mostra que grande parte de sua equipe não está bem preparada para realizar com sucesso suas funções. É de extrema importância capacitar os funcionários para o hoje *e o amanhã* — chamamos essa medida de *preparo em habilidades*. Habilidades são as moedas de troca pelas quais funcionários realizam seus trabalhos e definem o futuro de seus cargos. Quando os colaboradores têm alto nível de preparo em habilidades, as organizações apresentam melhor desempenho. De fato, aumentar o preparo em habilidades ajuda empresas a suprirem suas necessidades com talentos internos, de forma mais rápida. Funcionários com alto nível de preparo em habilidades apresentam um desempenho até 45% melhor, um esforço voluntário até 51% maior e são até 45% mais engajados do que aqueles com pouco preparo.[17]

Por que o preparo em habilidades dos funcionários é importante para os gerentes? O efeito bola de neve da digitalização no trabalho e da transformação das habilidades necessárias aos colaboradores acarretam um *novo modelo de gerenciamento*: atuar como uma fonte central para o aprimoramento de funcionários em tempo real a fim de atender às habilidades necessárias atuais e futuras. Comunicações e treinamentos corporativos passam por gerentes, tornando-os condutores da implementação de mudanças. Portanto, não é nenhuma surpresa que uma tarefa específica tenha atraído bastante atenção da maioria das organizações em todo o mundo: *proporcionar treinamento e desenvolvimento contínuos.* E essa atenção faz sentido, considerando como nossa pesquisa mostra que o treinamento e o desenvolvimento têm mais impacto no desempenho de um funcionário do que outras atividades de um gerente, como bom gerenciamento de projetos ou comunicação estratégica.[18] Também concluímos que dar feedback melhora o desempenho dos funcionários, quando eles o consideram e agem de acordo.[19]

Executivos seniores pedem aos gerentes que realizem um trabalho de treinamento ainda mais intenso para ajudar os funcionários e as organizações a acompanharem o ritmo do mercado atual. De fato, ao entrevistarmos executivos de recursos humanos (RH) e questionarmos o quanto de seu tempo os gerentes deveriam dedicar a treinamento e desenvolvimento de funcionários hoje, a resposta foi uma estimativa de 30%.[20] Esta é uma porcentagem considerável. Em um ambiente global caracterizado pela agitação cotidiana, os gerentes podem realmente estar um passo à frente e em um grau a *mais* de envolvimento com cada subordinado direto? John Wilson, gerente de talento e liderança de grupo da NFU Mutual, ilustrou perfeitamente esse desafio em uma entrevista: "Com o tempo, as expectativas dos gerentes cresceram significativamente. Eles são instruídos a liderarem e defenderem mudanças, administrarem os negócios como de costume, satisfazerem a crescente regulamentação externa e fornecer treinamento e desenvolvimento às suas equipes. Portanto, da perspectiva de um gerente, é cada vez mais difícil entender a melhor forma de priorizar seu tempo." Quando analisamos o tempo que os gerentes realmente passam atuando em treinamento, identificamos uma estimativa de apenas 10% — um cenário muito diferente do idealizado por líderes de negócios.[21] A solicitação de que os gerentes forneçam mais treinamento e desenvolvimento provém de um interesse genuíno em ajudar os funcionários a se adaptarem às demandas dinâmicas do trabalho e a aprimorar o talento geral e o desempenho financeiro dos negócios. Mas a disparidade entre a quantidade de tempo percebida e a que os gerentes realmente despendem com treinamento é um problema.

Para piorar a situação, à medida que as empresas em todo o mundo investem quantias significativas de tempo e dinheiro na capacitação de gerentes para fornecer mais feedback e conversas sobre desenvolvimento, a qualidade do gerenciamento se mostra, na verdade, estagnada. De fato, quase metade dos gerentes entrevistados afirma que não tem confiança para desenvolver as habilidades necessárias aos funcionários hoje.[22] Não apenas isso, mas, à medida que as expectativas de trabalho dos gerentes aumentam continuamente, o tempo que eles têm para desenvolver sua equipe diminui — 55% dos profissionais entrevistados consideraram o gerenciamento de desempenho um processo muito demorado.[23] Não surpreende que, quando compartilhamos esses dados com nossos clientes executivos de RH, eles costumem iniciar um monólogo fervoroso sobre o papel do gerente no desenvolvimento de equipes e funcionários, que geralmente se resume a "bem, o trabalho é esse". E, é claro, há décadas, as melhores mentes de negócios entendem que o gerenciamento de pessoas demanda tempo e atenção. Por exemplo, o artigo "An Uneasy Look at Performance Appraisal" [Uma Análise Apreensiva

Sobre a Avaliação de Desempenho, em tradução livre], publicado em 1957 na *Harvard Business Review*, descreve a expectativa em torno do gerenciamento de desempenho tradicional da seguinte forma: "Existe um custo inevitável: o gerente deve despender um tempo consideravelmente maior na implementação de um programa [de gerenciamento de desempenho]. Não é incomum que o estabelecimento inicial de responsabilidades e metas com cada indivíduo demande alguns dias. E uma avaliação periódica pode exigir várias horas, em vez dos típicos 20 minutos."[24] Essa expectativa de treinamento (ainda válida) se agrava quando consideramos que, com raras exceções, gerentes de pessoas também têm seu *próprio* trabalho individual a executar. Então, como os gerentes de hoje lidam com todas essas demandas crescentes e mutáveis e o que os gerentes de maior sucesso fazem de diferente?

A PESQUISA

Como líderes de consultoria e pesquisa em recursos humanos da Gartner, testemunhamos em primeira mão o crescente interesse pelo desenvolvimento de gerentes entre nossos clientes. Esse assunto sempre foi algo difícil, então, a princípio, não acreditávamos que havia algo de *novo* a dizer sobre ele. Fomos convencidos de que o gerenciamento realmente estava mudando quando uma série de eventos afetou nossos próprios trabalhos. Era o início de 2017, e certa manhã, recebemos um e-mail anunciando a venda de nossa empresa anterior, a CEB, à Gartner. Foi uma aquisição que ninguém na empresa havia previsto, e as notícias indicavam que nossa companhia dobraria de tamanho. Os primeiros dias após o anúncio da aquisição foram preenchidos pela incerteza — e alguma ansiedade entre os funcionários, inclusive nós mesmos. Como gerentes, percebemos imediatamente que estava mais difícil orientar as conversas, pois nos deparamos com funcionários emotivos e preocupados que suas funções pudessem mudar. Apesar de também nos sentirmos inseguros, queríamos ser figuras estáveis para nossas equipes. Lidar com nossas próprias dúvidas e receios e, simultaneamente, atenuar as preocupações dos membros da equipe colocou nossas habilidades de gerenciamento à prova.

Ao mesmo tempo, refletimos sobre como a aquisição afetava nossas responsabilidades de treinamento. Jaime passou do gerenciamento de várias equipes para o gerenciamento de um grande negócio que exigia um novo conjunto de habilidades de colaboração e comunicação. Sari também começou a gerenciar funcionários mais diversos em diferentes continentes, com uma variedade de experiências, perfis de competências e aspirações de carreira.

Gerenciar funcionários de forma eficaz *é* realmente mais difícil no cenário de trabalho atual. Nosso próximo passo foi testar a sabedoria convencional do que significa ser gerente. A questão central em nossa pesquisa foi: *o que os melhores gerentes estão fazendo para desenvolver funcionários no ambiente de trabalho atual?*

Após organizar a pesquisa, iniciamos um extenso estudo. Precisávamos de um conjunto de dados amplo, global e diversificado para revelar constatações que transcenderiam o setor, os locais de atuação e a estabilidade do cargo de gerente. Como parte disso, realizamos pesquisas com mais de 9 mil funcionários e gerentes em todo o mundo, os quais atuavam em 18 funções diferentes em 25 setores de 6 regiões distintas. Os objetivos da nossa pesquisa eram: avaliar as abordagens dos gerentes para o desenvolvimento dos colaboradores (por exemplo, a frequência e a qualidade dessas interações de treinamento) e determinar seu impacto no desempenho dos funcionários. Na Gartner, definimos o desempenho como os resultados alcançados pelos funcionários ao executarem suas tarefas e atribuições individuais, contribuírem para o trabalho dos outros e aproveitarem a colaboração alheia. Chamamos essa medida de *contribuição empresarial*.[25]

Parte do objetivo das pesquisas era coletar o máximo possível de informações quantitativas e qualitativas, sob diferentes perspectivas. Coletamos:

- Perspectivas de gerentes sobre o ambiente de trabalho, incluindo como eles investem seu tempo, qual é sua abrangência de controle e como são suas interações de desenvolvimento.

- Perspectivas dos funcionários sobre seu próprio desenvolvimento e a eficácia de seus gerentes em atividades comuns de desenvolvimento.

- Perspectivas de líderes de negócios (de mais de 200 empresas do setor público e privado) sobre características organizacionais, orçamentos e prioridades, estratégias de gerenciamento de performance, expectativas e apoio ao desenvolvimento para gerentes.

Embora os resultados da nossa pesquisa tenham evidenciado que os gerentes são responsáveis por muitas tarefas diferentes, decidimos focar nossa análise no que eles realmente fazem quando estão aplicando treinamento. Para avaliar essas atividades e identificar diferentes abordagens de gerenciamento, nossa equipe realizou várias análises estatísticas de 89 comportamentos de gestão referentes ao desenvolvimento de equipe. Verificamos com que frequência os gerentes se encontram com os funcionários, o que fazem durante as conversas, o tipo de aconselhamento que fornecem e muitas outras atividades.

Nossa descoberta foi surpreendente. A pesquisa não somente nos mostrou que alguns gerentes são vagamente "bons", enquanto outros normalmente apresentam um desempenho insatisfatório, mas também revelou comportamentos de gestão estatisticamente divergentes, que poderíamos categorizar, de modo geral, em quatro tipos distintos de gerentes, cada um com um impacto diferente no desempenho de seus funcionários.

Esta foi a primeira grande conclusão de nossa pesquisa: *todo gerente, em qualquer nível, se enquadra em um dos quatro perfis distintos.* Considere essas categorias como as abordagens dominantes adotadas por esses profissionais quando treinam e fornecem feedback à sua equipe. Há um *continuum* entre os tipos de gerentes: cada gerente pode se encaixar em um tipo ou outro, dependendo do contexto. No entanto, o que descobrimos em nossa análise dos dados e das entrevistas é que todo gerente apresenta uma abordagem dominante que aplica de maneira mais consistente e quase natural. Você pode classificar de qual tipo é a sua própria abordagem dominante em nosso quiz de 13 perguntas "Que Tipo de Gerente É Você?", disponível na página 211.

Interessados em obter mais informações, nos aprofundamos nos dados para conhecer os tipos de gerentes. Quanto mais analisávamos nossos dados, mais nos sentíamos como escultores esculpindo pedras a fim de revelar figuras completamente moldadas. À medida que conhecíamos melhor esses quatro tipos de gerentes, outra descoberta importante veio à tona: todos os tipos ocorrem praticamente na mesma proporção, quase que em perfeita harmonia, em todos os setores, localidades e dados demográficos, como as gerações presentes no local de trabalho. Cada tipo de gerente é uma pessoa (ou muitas) que você conhece e, mais importante, um desses tipos é você.

OS QUATRO TIPOS DE GERENTE

Assim como você tem uma opção preferida de café da manhã ou um par favorito de sapatos usados, também há um estilo de gerenciamento predominante em sua abordagem diária de desenvolvimento dos funcionários. Considere esses tipos como os hábitos confortáveis de treinamento aos quais os gerentes recorrem. Categorizamos os tipos de gerente em professor, disponível, líder de torcida e conector. Vamos revisar algumas definições formais e apresentar alguns exemplos (veja a Figura 2).

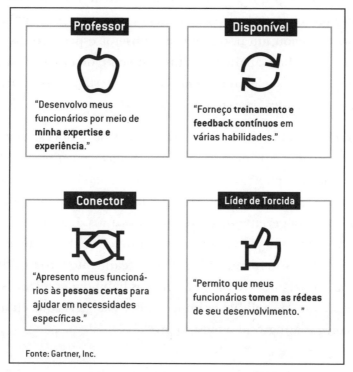

Figura 2: Os quatro tipos de gerentes

> **PROFESSOR:** *um gerente que desenvolve seus funcionários por meio de sua expertise e experiência pessoais, fornece feedback orientado a aconselhamentos e direciona o desenvolvimento de colaboradores.*

No início dos anos 2000, quando Tim Che[*] foi contratado como desenvolvedor de software em uma empresa de tecnologia em Seattle relativamente pequena, mas em rápido crescimento, ele realmente ansiava por acordar e ir trabalhar todas as manhãs. A paixão de Che por usar sua programação para solucionar os desafios dos usuários o levou a ter um grande sucesso inicial na empresa, principalmente quando vivenciou um boom em seu subsetor específico. Nos últimos 15 anos, Che trabalhou em um ambiente de desenvolvimento de equipe ágil e acelerado, e a equipe teve destaque na criação de projetos impecáveis de experiência do usuário.

Ao refletir sobre sua carreira acelerada, Che aponta sua excelência técnica como a principal razão de seu sucesso contínuo. Ele até suspeita que essa paixão por criar interfaces de aplicativos dinâmicas e altamente funcionais tenha sido um dos principais motivos de sua promoção para gerente de equipe há dois anos. Em suas palavras: "Quando fui promovido para liderar minha (atual) equipe de oito desenvolvedores, acho que minha chefe realmente me considerava um profissional em ascensão. Eu tinha as habilidades técnicas para criar elementos de aplicativos impecáveis, e ela queria que eu fizesse meus colegas atingirem o mesmo nível."

---

[*] Utilizamos pseudônimos para certos nomes com o objetivo de proteger as informações pessoais e profissionais dos indivíduos.

Assim como Che, os gerentes professores desenvolvem funcionários com base em sua expertise e experiência próprias, fornecendo feedback orientado a aconselhamentos e direcionando o desenvolvimento de seus funcionários. Geralmente, eram colaboradores de destaque antes de se tornarem gerentes e são profissionais que carregam consigo um legado de profundo conhecimento específico. Dessa maneira, gerentes professores como Che criam e recriam continuamente seus próprios legados, deixando um pouco de si mesmos com cada funcionário que gerenciam.

DISPONÍVEL: *um gerente que proporciona treinamento contínuo e regular, impulsiona o desenvolvimento dos funcionários e fornece feedback em várias habilidades.*

Maya Coles, líder de projeto em uma grande empresa de design, é a prova viva do tipo de gerente disponível. Ela se dedicava à sua equipe, pensando constantemente em maneiras de ajudar cada funcionário e fornecer respostas aos desafios que aparecem. Por exemplo, durante uma importante iniciativa, Coles dedicou tempo e energia consideráveis para aconselhar e orientar continuamente a equipe. O projeto envolvia várias partes integradas, desde o design de um protótipo até a realização de pesquisas de mercado e a criação de uma linha de produtos que inauguraria uma nova unidade de negócios para a empresa. Como o projeto era muito amplo, os membros da equipe tinham habilidades diversificadas e variadas — algumas que iam além das próprias capacidades de Coles.

À medida que o projeto se desenrolava, mesmo quando não possuía conhecimento técnico, ela conseguia enxergar toda a equipe e o trabalho de cada funcionário, e se considerava a melhor fonte de feedback e treinamento contínuos. Embora o método de Coles certamente consumisse mais tempo e energia do que os métodos de treinamento de seus colegas, ela era obrigada a doar o máximo possível de si para o desempenho de sua equipe. Essa era uma nova empreitada para todos, então Coles queria ser um "porto seguro" para a equipe. Segundo ela: "Meu plano de ataque era simplesmente dar aos funcionários o feedback necessário e contínuo para guiar seu desenvolvimento em áreas específicas."

A abordagem de Coles reflete o estilo de feedback frequente e informal que caracteriza melhor o gerente disponível. Com a mudança sendo a única constante, o feedback contínuo pode fornecer insights básicos e ajudar os funcionários a fazerem quaisquer correções de rota necessárias. Ao fornecer feedback e treinamento contínuos e informais aos funcionários, os gerentes disponíveis compartilham um intenso foco e comprometimento em ajudá-los a crescerem e melhorarem no trabalho. Os gerentes disponíveis são semelhantes aos professores, pois eles mesmos conduzem o desenvolvimento dos funcionários — são uma fonte primária e recorrente de suporte para seus subordinados diretos.

CONECTOR: *um gerente que apresenta os funcionários a outras pessoas que fornecerão treinamento e desenvolvimento, e cria um ambiente de equipe favorável ao mesmo tempo em que oferece um feedback específico aos colaboradores.*

Brianne Hoffman, gerente de equipe do departamento de marketing digital de uma empresa global de artigos de luxo, é um exemplo de gerente conector. Tendo começado na empresa como atendente do setor de beleza da loja de departamento em Nova York, Hoffman teve uma carreira interessante e diversificada. Após se esforçar para subir de cargo na área de vendas e até mesmo passar um breve período no exterior, ela fez a transição para o marketing há apenas cinco anos e foi rapidamente promovida para o gerenciamento de equipes. Hoffman é conhecida por suas ideias criativas de campanhas e pela capacidade de execução, mas se considera uma iniciante na área do marketing digital.

Hoffman se autodeclara uma "eterna novata" que não hesita em dizer "não sei" quando os funcionários fazem perguntas que vão além de seus conhecimentos ou habilidades. Ela reconhece quando não é a melhor fonte de conhecimento para sua equipe de marketing digital, e tem o cuidado de concentrar o feedback e o treinamento no âmbito de seu know-how: entender os clientes da empresa. Nos casos em que Hoffman não se sente preparada para treinar ou aconselhar, ela recorre ao restante da organização e faz conexões de treinamento para seus funcionários. Por experiência própria, ela sabe quanto conhecimento e experiência existe dentro da empresa. É comum que os conectores aproveitem os funcionários para o desenvolvimento colaborativo e cultivem a confiança em suas equipes a fim de criar mais oportunidades de compartilhamento de habilidades, assim como Hoffman faz.

LÍDER DE TORCIDA: *um gerente que adota uma abordagem de desenvolvimento sem intervenção, fornece um feedback positivo e inspirador, e permite que os funcionários tomem as rédeas de seu desenvolvimento.*

Jack Cecil, líder da equipe que supervisiona diversos times de recrutadores corporativos em uma fintech com sede no Reino Unido, é um exemplo do tipo de gerente líder de torcida. Enquanto outros líderes (como os professores e os disponíveis) podem se tornar obcecados pelos detalhes ao supervisionarem um braço tão importante da empresa, a abordagem descontraída de líder de torcida de Cecil implica o incentivo de suas equipes de forma indireta. Ele acredita que a equipe prosperará, apesar (ou talvez por causa) de sua abordagem de treinamento sem intervenção. Afinal, suas equipes de recrutadores são avaliadas por seu *time to fill* [tempo de recrutamento, em tradução livre], a quantidade de dias que levam para encontrar um candidato qualificado para um cargo. Assim, Cecil sabe que eles são extrinsecamente motivados a mostrar serviço.

Os gerentes líderes de torcida seguem um caminho mais passivo para o desenvolvimento, concentrando-se em fornecer incentivo positivo e permitindo que seus subordinados diretos aprendam na prática. Cecil argumenta que os especialistas em recrutamento prosperam na interface com os clientes: eles aprendem algo novo sempre que conversam com um candidato em potencial. Certamente foi assim que ele mesmo se tornou um grande recrutador.

Cecil é conhecido por inspirar sua equipe sem praticar o microgerenciamento. Quando realiza reuniões de equipe ou conversa individualmente com funcionários, ele define um tom que fortalece e incentiva suas equipes. Em geral, os líderes de torcida adotam uma abordagem de treinamento e desenvolvimento positiva e sem intervenção.

UMA CLÁSSICA DISPUTA ACIRRADA

Após especificar as quatro abordagens de treinamento e desenvolvimento adotadas pelos gerentes, nossa equipe de pesquisa começou a trabalhar para determinar quais tipos têm melhor desempenho em relação aos outros. Não procurávamos somente classificar os tipos de gerente — nosso objetivo era saber qual deles era o melhor.

Quando apresentamos os quatro tipos de gerente aos líderes empresariais e perguntamos qual eles pretendiam desenvolver em suas empresas, a abordagem do gerente disponível (de Maya Coles) foi a mais mencionada. De fato, em nossa pesquisa com executivos de recursos humanos, a maioria dos entrevistados nos disse que estava investindo para promover treinamento e feedback "contínuos e frequentes" por parte dos gerentes.[26]

Além de treinamentos internos de gerenciamento, essa estratégia também permeia abordagens de recrutamento, à medida que executivos procuram profissionais com atributos de um gerente disponível. A análise das descrições de vagas para gerentes nos Estados Unidos, com o objetivo de entender quais habilidades principais as empresas de recrutamento buscavam, revelou tendências intrigantes. Nossa avaliação de todas as descrições de vagas em vários setores e níveis de gerenciamento nos EUA entre 2016 e 2018 constatou que a necessidade de mercado por treinamento aumentou em mais de 17%, com ênfase no fornecimento de feedback e desenvolvimento contínuos.[27] Essa preferência foi corroborada pelos próprios funcionários.

Com uma porcentagem crescente de funcionários millennials em uma força de trabalho diversificada, hoje, os colaboradores tendem a pedir mais orientação dos gerentes, e *não* menos. Nossa pesquisa mostra que novas gerações de funcionários estão pedindo mais feedback. Um millenial sintetiza essa ideia da seguinte forma: "É importante que eu esteja em contato com meu gerente, recebendo orientação e treinamento frequentes sobre meu trabalho e carreira." Mas a demanda por mais treinamento e feedback de desenvolvimento vai além da geração dos millennials, se aplicando a uma grande parte da força de trabalho atual. A Deloitte Human Capital Trends confirma que "o feedback regular incentiva as pessoas a redefinirem metas continuamente, alterarem projetos e se sentirem recompensadas por seu trabalho, não apenas por seu cargo".[28] A mensagem que ouvimos dos líderes de negócios, profissionais de RH e colaboradores foi clara: *a abordagem do gerente disponível leva a um melhor gerenciamento e aos melhores resultados de desempenho dos funcionários.*

Mas será que nossa pesquisa confirmava essa impressão? À medida que analisamos os dados de funcionários e gerentes, uma história diferente começou a surgir. Comparar o desempenho dos funcionários treinados por gerentes dos tipos líder de torcida, professor, conector e disponível acarretou duas conclusões muito surpreendentes, contrárias às nossas próprias hipóteses (veja a Figura 3).

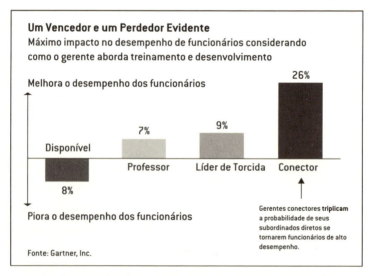

Figura 3: Tipos de gerente por impacto no desempenho dos funcionários

Conclusão 1: os gerentes disponíveis não aumentam o desempenho dos funcionários — *eles o diminuem*: nossos dados mostraram que a abordagem do gerente disponível não se destaca por melhorar o desempenho dos funcionários — nem chega perto disso. Na verdade, quando os gerentes disponíveis implementam sua abordagem de maneira consistente, seu impacto no desempenho dos funcionários é *deteriorante*, prejudicando-o em até 8%.[29] Em outras palavras, os gerentes disponíveis geralmente fornecem muito feedback que não se consegue colocar em prática; há situações em que eles oferecem conselhos que não têm relevância para o momento do desenvolvimento do funcionário; e, por fim, como aconselham outras pessoas em áreas nas quais podem não ter experiência, sua orientação pode estar equivocada. O resultado é que esses gerentes tornam os funcionários menos eficazes, menos envolvidos no trabalho e menos propensos a permanecerem em seus empregos. *Eles causam mais danos do que benefícios.*

Por que essa conclusão é uma boa notícia? Bem, é provável que os gerentes disponíveis se sintam estressados com a quantidade de trabalho necessário para gerenciar pessoas e também frustrados por nunca parecer que estão fazendo o suficiente. Agora eles podem parar de se sentir assim! Para o restante dos gerentes, a notícia é ainda melhor. Sua organização pode acabar solicitando treinamento mais frequente e com uma maior variedade de temas, mas não é preciso seguir essa ordem. E você nem deveria — porque isso está dando errado. A pressão constante que as organizações exercem sobre os gerentes para "fazerem mais" está, na verdade, acarretando o efeito contrário.

Conclusão 2: o conector vence... por pouco: se o gerente disponível diminui o desempenho dos funcionários, existe um estilo de treinamento e desenvolvimento que, na verdade, afeta positivamente os colaboradores? Vemos que os professores e os líderes de torcida causam impactos positivos sutis no desempenho de seus funcionários — 7% e 9%, respectivamente — e faz sentido que aconteça dessa forma.[30] Os professores trazem uma bagagem de experiência e conhecimento que lhes permite realmente ajudar os funcionários a melhorarem em *algumas,* mas não em todas, habilidades. Sua expertise limitada restringe o impacto que podem ter pessoalmente no desempenho dos funcionários — e, como não solicitam ajudam externa, esse é todo o impacto que eles causam. Líderes de torcida têm um impacto positivo um pouco maior em seus funcionários, o que alcançam por meio de incentivo positivo absoluto.[31] No entanto, seu impacto é limitado pela falta de feedback corretivo sobre desempenhos específicos — seu incentivo pode deixar os funcionários motivados, mas sem objetivos.

Os dados revelam um tipo de gerente que se destaca como o melhor possível no aprimoramento de desempenho: o conector. O impacto causado por ele é enorme, pois o desempenho dos funcionários aumenta em até 26% e a probabilidade de um colaborador tornar-se um profissional de alta performance é mais do que triplicada.[32] Isso significa que os gerentes conectores fornecem melhor suporte aos seus funcionários nas tarefas diárias e, na verdade, os ajudam a aumentar seu futuro potencial de carreira. Eles ainda realizam as mesmas atividades principais de treinamento que outros gerentes, mas priorizam o restante de seu tempo nessa função de maneira diferente. O que os conectores têm em comum são um conjunto de qualidades de liderança que lhes possibilitam fazer três conexões essenciais para sua equipe: as de funcionários, equipes e organizações. Essas conexões servirão como base para o restante deste livro.

Os conectores personalizam o desenvolvimento para atender às necessidades e aos interesses dos funcionários. Eles se concentram em compreender as necessidades de uma pessoa, incitando diálogos de desenvolvimento bidirecionais para entender os comportamentos além do superficial. Isso garante que, nos momentos certos, forneçam desenvolvimento específico para as necessidades de habilidades exatas. Além disso, os conectores compreendem que proporcionar feedback e treinamento às vezes é o mais adequado, mas que há situações em que é melhor não fazê-lo. Nesses casos, eles conectam seus funcionários com outras pessoas, seja na equipe ou em qualquer setor da organização. No entanto, os conectores não apenas unem funcionários a um colega ou mentor e desejam boa sorte — eles garantem que os colaboradores aprendam com suas conexões. No capítulo 3, compartilharemos mais sobre como os gerentes conectores realmente alcançam esses resultados.

TORNANDO-SE UM GERENTE CONECTOR

Enquanto conduzíamos nosso estudo de gerentes ao redor do mundo, ouvimos casos e mais casos de profissionais que se sentem sobrecarregados e incapazes de *realmente* alcançarem sucesso em suas funções, e muito menos aptos a apoiarem sua equipe no desenvolvimento. Também ouvimos as frustrações *dos funcionários* por não terem o tipo de orientação que poderia impulsionar suas carreiras ou ampliar seu potencial e impacto em seus empregos e em suas equipes. Essa dinâmica de expectativas e resultados perdidos precisa mudar. Aproveitar os princípios do gerente conector pode auxiliar o avanço na direção certa. O conector é o tipo mais indicado para revalidar o contrato implícito entre gerente e funcionário, reiniciando um compromisso compartilhado com uma série de conexões reais e produtivas que possibilitam o crescimento de todas as partes. Esses gerentes — presentes no governo, nas organizações sem fins lucrativos e nas áreas de negócios e educação — alcançam novos patamares de desempenho e liberam talentos pouco aproveitados. É possível adquirir conhecimento com eles e se tornar um conector. Durante nossa jornada neste livro, aprenderemos com muitos exemplos notáveis de conectores, incluindo:

- **O governador Narongsak Osottanakorn,** da província de Chiang Rai, na Tailândia, que foi responsável por coordenar a equipe de busca e resgate dos Javalis Selvagens e que realmente entendeu os pontos fortes e fracos de sua equipe e estabeleceu as conexões corretas para o sucesso da missão.

- **Brandy Tyson,** diretora de uma escola de ensino médio, que construiu a confiança com seus alunos e sua equipe para transformar uma escola com baixo desempenho em um ambiente inclusivo, onde todos os alunos tiveram a oportunidade de aprender e se destacar.

- **Anita Karlsson-Dion,** uma atiradora de carabina que representou a Suécia nos Jogos Olímpicos de Seul e também líder de Terceirização de Processos de Negócios na IBM, que foi capaz de motivar e unificar dezenas de milhares de funcionários espalhados por todo o mundo, realmente entendendo suas necessidades e desejo por sucesso.

- **Pranav Vora,** fundador e CEO da marca de roupas masculinas Hugh & Crye, que reconheceu a necessidade de expandir as opções de aprendizado e desenvolvimento de seus funcionários, contando com a ajuda de parceiros externos ("forasteiros benevolentes", como ele os chamava).

- **Alison Kaplow,** principal diretora da empresa global de serviços profissionais Accenture, que gerenciou centenas de analistas em início de carreira e desenvolveu conexões de funcionários por meio de perguntas únicas e instigantes.

Esses e outros líderes neste livro servirão como modelos e fornecerão pontos de referência inspiradores que você pode usar em seu trabalho enquanto busca dominar e aplicar as técnicas com sua equipe — configurando-as de maneira mais clara e realista para um resultado de sucesso.

Este livro foi concebido como um "manual" completo, que detalha exatamente o que torna os conectores tão especiais — e como se tornar um deles. Também exploraremos o que as empresas estão fazendo para criar um ambiente que possibilita o êxito dos conectores, analisando como a IBM, Intel e Amdocs mudaram suas estratégias de desenvolvimento de gerentes. Já que oferecemos um primeiro olhar sobre os tipos de gerentes e os benefícios claros da abordagem dos conectores, os próximos capítulos demonstrarão as diferenças entre os gerentes conectores e disponíveis, além de aprofundarem as três conexões realizadas pelos conectores. Depois, passaremos para a criação de uma empresa conectora, na qual todo gerente atual e futuro pode aplicar essa abordagem a fim de que todos os funcionários tenham a chance de se desenvolverem completamente, contribuírem plenamente e terem sucesso. Por fim, apresentaremos a ideia dos superconectores, profissionais de empresas e setores que não apenas fazem, em ampla escala, todas as conexões que descrevemos neste livro, mas também facilitam a criação de mais conectores por toda a empresa.

Mostraremos como pensar, agir e planejar como um gerente conector, além de apresentar as estratégias para evitar as tendências de gerentes disponíveis. O livro é encerrado com um guia para a construção de um ecossistema conector não apenas em sua equipe, mas também em sua empresa. Desafiamos você a considerar este livro em vários níveis. No nível mais básico, você embarcará em uma autodescoberta para entender melhor seu estilo de treinamento e desenvolvimento. Isso o ajudará a desvendar e examinar ativamente os hábitos que você talvez não perceba. Pode valer a pena manter algumas tendências, enquanto outras precisarão ser deixadas de lado. Talvez você já use algumas abordagens conectoras em casos específicos, mas é provável que, em certas situações, esteja agindo como um chefe disponível e prejudicando sua equipe. Além de entender sua abordagem atual, este livro o ajudará a elaborar um plano para si mesmo, com ações que você poderá executar amanhã, no próximo mês e no próximo ano à medida que aplica as táticas conectoras que aprendeu. Algumas delas podem ser usadas em sua próxima reunião com sua equipe ou com um subordinado direto, enquanto outras envolvem um planejamento de longo prazo que pode levá-lo ao sucesso. Nesse momento, você deve estar se perguntando com que tipo de gerente mais se parece. Antes de começar o Capítulo 2, faça o teste "Que Tipo de Gerente É Você?", disponível na página 211.

SUMÁRIO EXECUTIVO

- Enquanto as mudanças macroeconômicas, demográficas e corporativas continuam a aumentar em velocidade e ocorrência, os gerentes precisam dedicar mais de seu tempo *limitado* ao desenvolvimento de seus funcionários.

- Nossa pesquisa constata que *todo gerente se enquadra em quatro perfis distintos* de acordo com a maneira como abordam treinamento e desenvolvimento.

  Professor: um gerente que desenvolve seus funcionários por meio de sua expertise e experiência pessoais, fornece feedback orientado a aconselhamentos e direciona o desenvolvimento de colaboradores.

  Disponível: um gerente que proporciona treinamento contínuo e regular, impulsiona o desenvolvimento dos funcionários e fornece feedback em várias habilidades.

  Conector: um gerente que apresenta os funcionários a outras pessoas que fornecerão treinamento e desenvolvimento, e cria um ambiente de equipe favorável ao mesmo tempo em que oferece um feedback específico aos colaboradores.

  Líder de torcida: um gerente que adota uma abordagem de desenvolvimento sem intervenção, fornece um feedback positivo e inspirador, e permite que os funcionários tomem as rédeas de seu desenvolvimento.

- Contrariando a sabedoria convencional de que o gerente disponível tem a melhor abordagem de treinamento e desenvolvimento, constatamos que esse tipo *causa mais danos do que benefícios*, diminuindo o desempenho dos funcionários.

- O gerente conector teve o impacto positivo mais significativo no desempenho dos funcionários, triplicando a probabilidade de seus subordinados diretos se tornarem funcionários de alta performance.

CAPÍTULO 2

As Limitações do
Gerente Disponível

*Um treinador é aquela pessoa que consegue apontar
correções sem gerar ressentimento.*[1]
— *John Wooden, treinador de basquete universitário*

UMA CULTURA DE "DISPONIBILIDADE"

Atualmente, é quase impossível não estar sempre "disponível", dada
a onipresença de smartphones, tablets e aplicativos que nos conectam constantemente a tudo e todos. Isso se expande à forma como
administramos nosso trabalho, atados a projetos, e-mails, problemas
e prazos. Sabemos que, hoje, funcionários despendem em torno de
8h por semana com e-mails profissionais fora do horário de trabalho, e que essa alta conectividade tem efeitos nocivos à saúde.[2] Um
estudo recente no Reino Unido constatou que, em 60% dos casos,
trabalhar regularmente além do horário de expediente resulta em
mais estresse, um sono de menor qualidade e maior sensação de

exaustão.[3] Um estudo semelhante da Universidade Stanford quantificou ainda mais a questão, estimando que o estresse no local de trabalho representa um gasto de bilhões de dólares por ano com cuidados de saúde.[4] Nossa "conectividade" alcançou níveis tão extremos que empresas e países inteiros estão tentando combatê-la.

Considere a Olark, uma pequena empresa de software fundada com capital próprio que passou a década passada construindo uma cultura de equipe remota unida. O valor principal da Olark é: "Relaxe: desenvolva um empenho sustentável em tudo que faz. Procure atividades que recarreguem suas energias e possibilitem que você traga sua melhor versão para o trabalho."[5] Com termos como "empenho sustentável" e "recarreguem", a Olark desafia de forma explícita o interminável ciclo de trabalho. Admiravelmente, a empresa cumpre sua palavra quando o assunto é o valor investido nesse relaxamento: seus funcionários recebem um bônus pontual de US$1.000 uma vez ao ano para se desconectarem de seus e-mails por cinco dias de férias.[6] A Olark está adotando uma abordagem única e intencional a fim de equilibrar vida pessoal e profissional, e provavelmente podemos concordar que esta é a exceção, não a regra. Para a maioria de nós, cinco dias sem verificar o e-mail parece algo fora de questão. Basta entrar em um Boeing 777 e avistar um aviso de Wi-Fi a bordo para confirmar a ansiedade generalizada causada pela necessidade de conectividade. Um dos autores deste livro até mesmo deixou de voar em sua companhia aérea preferida por causa da instabilidade desse serviço.

Essa cultura "disponível" se reflete em nosso modo de gerenciamento. Nosso desejo por mais velocidade, informações e rapidez nas decisões influencia a interação com nossa equipe. Em parte, o resultado é que os gerentes supõem que precisam adotar muitas das táticas de disponibilidade que descrevemos no Capítulo 1. Provavelmente, todos já tivemos um gerente que dá um feedback prolífico (com resultados confusos) ou já sentimos a pressão de fornecer cada vez mais treinamento e orientação a nossos subordinados diretos.

OS GERENTES ESTÃO FRACASSANDO

Pergunte a qualquer gerente: "Você costuma fornecer treinamento e feedback à sua equipe?" Com certeza, a resposta será sim. Se você for um gerente, sua resposta deve ser a mesma. Como parte essencial do seu trabalho, você *deve*, frequentemente, fornecer treinamento, definir o caminho para o desenvolvimento dos funcionários e oferecer feedback sobre diversas habilidades. No entanto, há muitas razões para *não* orientar e instruir constantemente seus subordinados diretos. Por vezes, a falta de conhecimento de um gerente, sua incapacidade de compreender profundamente a motivação de uma pessoa ou as restrições de tempo justificam a suspensão de treinamento e feedback contínuos. Isso cria um dilema para os gerentes.

Por um lado, temos evidências de que funcionários apresentam um melhor desempenho quando recebem orientações sobre como progredir. Além disso, sabemos que as novas gerações da força de trabalho querem mais treinamento.[7] Como resultado, a maioria das empresas ressalta o uso de treinamento e feedback constantes como uma ferramenta de gerenciamento de desempenho e pede aos gerentes que adotem essa abordagem. Quando perguntamos aos executivos de RH quais prioridades se tornaram mais importantes nos últimos três anos, mais de 70% citaram um aumento no foco da "participação dos gerentes no desenvolvimento dos funcionários".[8] E, em todo o mundo, as empresas estão investindo em mais treinamentos para gerentes com o objetivo de melhorar as sessões de treinamento. Hoje, é solicitado e esperado que gerentes tenham conversas de desenvolvimento mais frequentes com sua equipe ao longo do ano. Quando se trata de fornecer feedback e treinamento, o senso comum define que *quanto mais, melhor.*

Por outro lado, mudanças demográficas e de habilidades estão alterando fundamentalmente o relacionamento entre gerente e funcionário, dificultando que os gerentes ofereçam treinamento para uma lista crescente de áreas. Esses profissionais se sentem mal preparados para fornecer treinamento especializado nas mais profundas e amplas habilidades dos funcionários.[9] Como resultado desse dilema, empresas passam a confiar nos gerentes para guiar os funcionários por meio do desenvolvimento contínuo — mesmo quando não são a melhor fonte para fazê-lo — com o objetivo de ajudá-los a se adaptarem às demandas dinâmicas do trabalho e aprimorar o talento geral e o desempenho financeiro de suas empresas.

Na Corporate Executive Board (CEB), empresa em que trabalhamos antes que fosse adquirida pela Gartner, os gerentes recebiam relatórios de treinamento anuais, com base em pesquisas com a equipe, que apresentavam uma análise abrangente, incluindo como o feedback foi fornecido, de que modo os objetivos de carreira foram considerados e com que frequência os treinamentos aconteceram. O relatório era seguido de um "bate-papo" com um representante de recursos humanos, que analisava os resultados junto com o gerente. Normalmente, a conversa se resumia a uma análise minuciosa dos motivos pelos quais o profissional não havia fornecido treinamento e feedback suficientes.

Mas a verdade é que, independentemente de quantos treinamentos e relatórios sejam disponibilizados de boa-fé ou quanto os gerentes se esforcem, muitos deles não atingem o esperado. Nossa pesquisa mostra que apenas 40% dos funcionários acreditam que seus gerentes os ajudam a desenvolver habilidades necessárias para suas funções atuais e futuras.[10] Somando isso ao fato de que menos da metade dos gerentes relatam sentir-se confiantes em sua capacidade de desenvolver tais habilidades em seus funcionários, começamos a enxergar uma realidade impressionante. [11] Isso significa que a maioria dos gerentes em todo o mundo sente-se profundamente insegura ao abordar seus funcionários, por não ter qualificação ou simplesmente ser incapaz de fornecer conselhos úteis.

Quando conversamos com Alex Kim, um executivo sênior de RH responsável pelo desenvolvimento de gerentes intermediários em um grande banco norte-americano, ele afirmou que esses profissionais estão completamente *saturados de treinamento*. Segundo Kim, empresas como a em que ele trabalha estão alterando seu modo de organizar o trabalho, e isso está forçando os gerentes a mudarem a forma como gerenciam. Eles são encarregados de equipes maiores e devem liderar de maneira diferente. Em muitos casos, é solicitado que os gerentes dobrem o alcance de seu controle. O resultado é que fica muito mais difícil ter boas experiências de treinamento e fornecer feedback relevante e específico. Isso soa familiar? De acordo com Kim: "É mais difícil dar feedback quando lidamos com equipes dispersas e trabalhos mais complexos — você nunca será o especialista em tudo. Para mim, isso significa que precisamos fazer uma pausa e reconhecer que é necessário aproveitar mais fontes."

A conclusão é que os gerentes precisam de uma nova forma de gerenciamento — que reflita suas situações, resolva suas restrições e os prepare para o sucesso junto com suas equipes. Para tanto, precisamos abandonar concepções equivocadas que continuam a nos prender à falha e desatualizada abordagem "disponível".

MITOS DA DISPONIBILIDADE

Os gerentes normalmente desempenham duas práticas distintas no desenvolvimento dos funcionários: feedback e treinamento. O feedback tende a ser mais direcionado a eventos ou comportamentos que ocorreram no passado, enquanto o treinamento costuma ser focado no desenvolvimento futuro. Ao longo deste livro, frequentemente usaremos esses termos de forma intercambiável — ambas são atividades comuns e importantes que os gerentes devem realizar regularmente com seus funcionários, por vezes com maior frequência ou intensidade. Por exemplo, se um funcionário enfrentar dificuldades em uma nova função, pode ser necessária uma abordagem mais dinâmica durante o período de ajuste. Os gerentes são impelidos a adotar um modelo "disponível" por conta do treinamento que recebem, da opinião pública que confirma a necessidade de mais treinamento e da obrigação que sentem de supervisionar diretamente um número crescente de mudanças organizacionais e na equipe. No entanto, seguir cegamente uma abordagem dinâmica e constante de treinamento é uma atitude ilusória e insatisfatória. A verdade é que os gerentes costumam se deixar levar por três traiçoeiros mitos de gerenciamento que reforçam essa abordagem disponível. Vamos revelar e abandonar esses equívocos.

Mito nº 1: Gerentes Devem Passar Mais Tempo Fornecendo Treinamento

"Maya frequentemente dá feedbacks que podem ser difíceis de aplicar... e às vezes insiste em aspectos nos quais eu talvez não precise de ajuda." Esse foi o único período dissonante na avaliação de desempenho positiva de Maya Coles em um determinado ano. A frase não se tratava de uma observação ou opinião de seu chefe, mas, sim, de uma de suas

subordinadas diretas, Emily Ivanovna. Ler essas palavras abalou a confiança de Coles como gerente. Ela se questionou: "Será que é verdade? A minha liderança é ruim?"

Analisando o ano em questão, Coles, uma líder de projetos de uma grande empresa de design, esteve ocupada na elaboração de uma nova pesquisa de produto para líderes de tecnologia que envolvia uma infinidade de fluxos de trabalho e prazos apertados. Quando as coisas não progrediam de acordo com o planejado, seu instinto era intervir rapidamente. Ivanovna era sua gerente de projetos associada, e a reação instintiva de Coles se tornou sufocante. A gerente fornecia tanto feedback para Ivanovna que ela já não conseguia mais decifrar realmente o que era certo e o que era errado. O feedback se concentrava em vários aspectos do que Ivanovna fazia ou deixava de fazer. *"Você precisa avançar nessa parte do processo de design"*, *"ofereça mais evidências para as conclusões da pesquisa"* e *"conduza o assunto nas reuniões da equipe de uma maneira mais focada"* são apenas alguns exemplos de como Coles "guiava" Ivanovna em um dia qualquer. Era como beber água de um hidrante — ela, literalmente, não conseguia processar e refletir sobre todos os comentários que havia recebido de sua gerente.

Com o passar do tempo, Ivanovna começou a duvidar de si mesma e acabou deixando as decisões a cargo de Coles. Além disso, ela sentiu que sua chefe estava guiando-a em áreas — por exemplo, execução de processos — nas quais ela não precisava de ajuda. Considerando suas experiências anteriores como gerente de operações em serviços financeiros e gerente de uma equipe da Marinha dos EUA responsável pelo equipamento de tecnologia e geração de energia a bordo de um navio destróier, Ivanovna era, de fato, uma "mestre em processos". Embora o feedback de Coles fosse válido em algumas áreas, o treinamento intenso teve um significativo impacto negativo no desempenho geral, engajamento e moral de Ivanovna.

A experiência de gerenciamento com Ivanovna ensinou a Coles que sua abordagem estava errada. Em suas palavras: "Tenho instintos e tendências na minha abordagem que foram moldados por anos de aprendizado de que quanto *mais* treinamento, melhor." Os gerentes disponíveis oferecem orientação a cada oportunidade, e isso dificulta que os funcionários se concentrem nas áreas que realmente precisam de melhorias — é um exagero de feedback. Isso cria uma atmosfera tensa que acaba reprimindo os pensamentos, a imaginação e a capacidade potencial de uma pessoa. Com o tempo, quem recebe o feedback fica menos receptivo a novas ideias e opiniões, porque sente que está errado ou desalinhado com o que seu superior deseja.[12] Quando conversamos com funcionários que já trabalharam com gerentes disponíveis, descobrimos que eles dedicavam mais tempo para se alinhar com seu superior e menos tempo para realmente empregar melhorias. Esse esforço e tempo extra tiveram um custo: os funcionários sentiam que nunca atingiam o verdadeiro potencial em seus trabalhos, funções, projetos ou tarefas.

Para tornar a revelação ainda mais desanimadora, uma das descobertas mais surpreendentes de nossa pesquisa foi a de que não existe correlação significativa entre o tempo despendido por um gerente em treinamento e o desempenho de seus funcionários. Aqueles que passaram mais tempo fornecendo treinamento não tinham mais ou menos probabilidade de melhorar o desempenho de seus funcionários (ver Figura 4).[13]

Essa conclusão surpreendente contradiz tudo o que nos foi dito como gerentes. De certa forma, é libertador saber que nem sempre precisamos estar "disponíveis" para nossa equipe, mas também é exasperante receber o conselho oposto regularmente. É importante observar que precisamos eliminar o "tempo" como uma das principais variáveis de sucesso em treinamento e desenvolvimento. Quando conversamos com gerentes e executivos sobre o desenvolvimento dos funcionários, eles primeiro mencionam o foco na necessidade de "fazer mais", o que induz a erro. O tempo gasto em treinamento não interfere no desempenho — para melhorar o potencial atual e futuro, é necessária uma combinação mais complexa de fatores. Como discutiremos mais adiante neste livro, o que realmente importa é a qualidade do treinamento aplicado, levando em consideração as circunstâncias pessoais e os melhores conselhos possíveis para os funcionários.

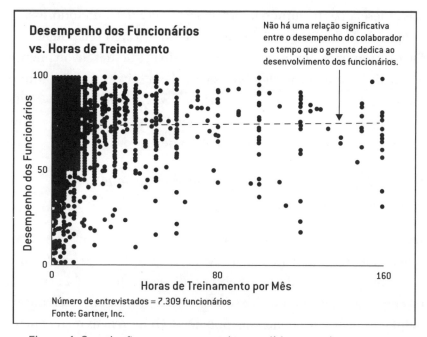

Figura 4: Correlação entre o tempo despendido em treinamento e o desempenho dos funcionários

Há uma reviravolta adicional nessa constatação que piora o resultado. A maioria dos gerentes que seguem uma abordagem disponível tem menor probabilidade de focar o que os funcionários fazem de melhor; em vez disso, eles enfatizam as áreas de desenvolvimento.[14] Embora os gerentes disponíveis utilizem essa abordagem com a intenção de fazer com que os funcionários melhorem em seus trabalhos, o resultado, de fato, é inverso. O feedback corretivo pode certamente ser levado em consideração, mas nossa pesquisa mostra que utilizá-lo em excesso pode ser prejudicial, fazendo com que os funcionários percam a confiança e não consigam melhorar.[15] Foi certamente o que aconteceu entre Maya Coles e Emily Ivanovna, sua subordinada direta. Pesquisas recentes mostraram que o feedback negativo pode levar a consequências físicas e comportamentais indesejadas, incluindo depressão e ansiedade, limitando, assim, a capacidade dos funcionários de melhorar e atingir seu potencial.[16] Os funcionários devem assimilar o feedback de desenvolvimento e agir de acordo a fim de obter sucesso em seus trabalhos. Muito do que ouvem é "construtivo", mas, às vezes, é interpretado como negativo. Pode ser difícil receber um feedback, processá-lo e seguir em frente sem se ater a um sentimento negativo.

Mito nº 2: Gerentes (Sempre) Sabem do que Seus Funcionários Precisam

Imagine um representante de vendas do setor de saúde e seu gerente viajando juntos pela zona rural dos Estados Unidos. Com o crescimento das vendas no setor, os representantes recebem carros da empresa, salários estáveis e comissões para explorarem territórios amplos, repletos de clientes em potencial. Quanto mais medicamentos sob prescrição eles venderem, maiores serão suas classificações de vendas e remuneração. Naturalmente, os representantes dirigem muito e apresentam seus produtos a diversos médicos por dia. Nosso colega Raj já trabalhou como representante de vendas em um emprego anterior.

No geral, Raj fala positivamente sobre essa época, refletindo sobre as recompensas de ajudar os pacientes e os desafios de vender em um ambiente de ritmo acelerado. No entanto, enquanto discutia sobre este livro conosco, o rosto de Raj ficou pálido ao se lembrar dos momentos em que recebeu feedback e treinamento de seus ex-chefes. Representantes de vendas no setor de saúde precisam ter um entendimento profundo de química e biologia, sem mencionar uma técnica de venda qualificada, então faz sentido que seu desempenho receba feedback e treinamento constantes. O que mais impressionava Raj, no entanto, era uma experiência específica (e frequente) que ele descreveu como "patrulhamento".

Como Raj relata, o dia era como uma maratona. Começava pelo café da manhã, momento em que sua gerente revisava os números de vendas mensais. Eles discutiam a estratégia do dia e revisavam qualquer follow-up da última maratona de apenas duas semanas atrás. Então, entravam no carro e seguiam para a primeira reunião de vendas, geralmente uma clínica com um ou dois médicos e uma equipe de apoio. Em um território rural, como aquele em que Raj estava, isso poderia significar até 1h dentro de um veículo, falando sobre negócios na maior parte do caminho. Ao chegar, eles ficavam um tempo no carro revisando o perfil do profissional que estavam visitando e decidindo como "fisgar" o médico e a equipe da recepção. Depois, entravam e esperavam — uma grande parte de seu trabalho.

Finalmente, a venda — o momento da verdade em que se encontrariam com o médico. Embora as conversas de vendas devam, de preferência, oferecer uma oportunidade para médicos e representantes conversarem em detalhes sobre os benefícios exclusivos de um medicamento, esse normalmente não era o caso de Raj. De fato, as reuniões de vendas eram reduzidas a encontros de 30 segundos a 5 minutos, realizados no corredor ou até no almoxarifado de medicamentos, local onde as amostras são estocadas. Na melhor das hipóteses, dentro desses poucos minutos, Raj poderia apresentar o diferencial de seu medicamento, enfatizando o valor que o tornaria o favorito dos médicos, antes que a reunião terminasse em um piscar de olhos, e Raj e sua gerente voltassem ao carro para tomarem notas, revisando tudo o que foi dito (e não dito). O feedback acontecia aos poucos. A gerente de Raj focava a quantidade de ênfase dada à "venda direta" ou à diferenciação precisa dos benefícios do medicamento em relação aos genéricos mais baratos. Depois de assimilar o feedback posterior à visita, ele ligava o carro e dirigia ao lado de sua gerente até o próximo cliente, onde faria tudo de novo. Raj repetia esse processo de seis a oito vezes antes de retornar ao escritório e revisar as anotações sobre o dia inteiro. Por fim, após passar 9h ou 10h com sua gerente disponível, Raj voltava para casa, onde se jogava em sua poltrona favorita e assistia a qualquer bobagem na televisão para espairecer. Uma rotina exaustiva!

Muitos gerentes podem se identificar com o desafio que a gerente de Raj enfrentava. Talvez você confira poucas vezes por mês o trabalho de seus subordinados diretos, mas ainda tenha que oferecer um feedback coeso e construtivo. A gerente de Raj estava fazendo o seu melhor para ajudá-lo — até mesmo ele admitiu isso ao compartilhar sua história. No entanto, tendo em vista o crescente escopo de atividades que precisava cumprir, incluindo "patrulhamentos" com sua equipe em vários dias da semana, ao mesmo tempo em que se dedicava a outras responsabilidades, como reuniões semanais, previsões e números de vendas, integração de novos funcionários etc., não é de se admirar que seu feedback nem sempre fosse relevante. Embora Raj recebesse algumas recomendações essenciais e importantes, houve uma parcela significativa de comentários que não alcançaram o objetivo, pois simplesmente não estavam alinhados às suas necessidades, aos seus interesses ou às suas aspirações. Segundo ele: "O feedback e as perguntas focavam áreas nas quais me aperfeiçoei durante o treinamento e que foram corroboradas pelas avaliações em que fui aprovado para ser contratado como representante de vendas." Como resultado, Raj ficou inseguro sobre como agir de acordo com os conselhos de sua chefe, e se perguntou se precisaria abandonar a empresa — e sua gerente — para avançar em sua carreira.

A gerente de Raj tinha a incumbência de observar seus funcionários, refletir sobre suas ações e dar feedback em tempo real. Isso naturalmente fez com que ela dedicasse mais tempo ao compartilhamento de ideias do que aos questionamentos que ajudariam a direcionar seus comentários. Na realidade, a gerente de Raj priorizou suas observações da mesma forma que muitos gerentes fazem todos os dias. Ela se concentrou no que era exigido pela empresa, nos seus pontos fortes e nos aspectos em que ela percebia um maior problema de desempenho (mesmo que não fosse essencial para o trabalho). Talvez você se identifique com essa situação. Com o tempo, você se torna cada vez mais direto em seu treinamento e feedback, e involuntariamente deixa de fazer perguntas fundamentais. Isso pode facilmente acontecer com os melhores gerentes. Apesar de elaborarmos os melhores planos, nossos conselhos começam a ser incompatíveis com o funcionário. Assim, não é de se surpreender que menos de um terço dos colaboradores acredite que as interações de treinamento e desenvolvimento com seus gerentes sejam adaptadas às suas necessidades.[17]

Em vez de procurar entender quais habilidades e desenvolvimento os funcionários precisam ou desejam, o gerente disponível define a pauta do treinamento: determinar o que um funcionário precisa ou no que deve se concentrar. Gerentes podem analisar os fluxos de trabalho dos funcionários, a direção dos negócios e até mesmo suas restrições em alguma situação, e, com isso, apresentar essa perspectiva nas conversas que têm com eles. Mas os gerentes geralmente não compreendem o lado dos funcionários nessa equação. Uma limitação que causa esse obstáculo é a visibilidade inconsistente ou incompleta dos fluxos de trabalho da equipe. Com uma média de nove subordinados diretos e, em muitos casos, equipes dispersas em locais de trabalho e projetos, a maioria dos gerentes opera sob muitas premissas.[18] A própria natureza do trabalho torna a capacidade de fornecer treinamento e feedback instantâneo, no mínimo, desafiadora. De fato, quando perguntamos aos funcionários se seus gerentes compreendem o que eles fazem no trabalho, apenas 18% responderam que sim.[19] Isso significa que mais de 80% dos colaboradores acreditam que seus superiores não entendem sua função. E se você não entende o trabalho de sua equipe, como pode fornecer observações, sugestões e melhorias efetivas e consistentes?

Mito nº 3: Gerentes São a Melhor Fonte de Treinamento e Feedback

Você se lembra da última vez que acessou o site do seu banco? Talvez para encontrar informações sobre um problema de cobrança ou uma transação no seu extrato mensal. Após dez minutos de navegação sem sucesso, você decide ligar para a central de atendimento do banco para pedir ajuda. Já conhece o esquema: a partir desse ponto, uma gravação automática entra em ação, dizendo: "Digite o número da sua conta seguido por jogo da velha; em seguida, digite seu código de segurança" e assim por diante. Em algum momento, você pode falar com alguém como Antoni Dabrowski, que atende clientes globais em um *call center* localizado na Polônia.

AS LIMITAÇÕES DO GERENTE DISPONÍVEL   45

Dabrowski trabalha no setor de investimentos do banco, respondendo a perguntas sobre produtos de investimento relativamente elaborados, como fundos mútuos, contas de trading e aposentadorias. Ele e seus colegas atendem ligações que exigem conhecimento técnico e suporte personalizado. No entanto, a gerente de Dabrowski, Nadia Baran, é uma representante experiente que recentemente se juntou ao grupo do setor de varejo da instituição, onde a central de atendimento recebe um grande volume de solicitações diretas sobre contas-correntes. O sucesso de Baran é baseado no que muitos na indústria chamam de *first contact resolution*. Qualquer que seja o problema ou a questão, o objetivo é que seja resolvido na primeira interação com o cliente, em cinco minutos ou menos. Baran é mestre nesse procedimento, e o banco reconheceu sua expertise, pedindo a ela que liderasse sessões de treinamento de *call center* para ajudar outras pessoas a terem desempenhos do mesmo nível.

A abordagem de Baran funcionou para Dabrowski até certo ponto, mas ele recebe ligações de clientes sobre novos produtos com frequência. De fato, Dabrowski recebeu treinamento de procedimento para novos produtos durante sua iniciação na empresa. Ainda assim, as perguntas ocasionalmente se voltam para áreas específicas nas quais ele não detém conhecimento suficiente para responder. Recentemente, quando Dabrowski foi até Baran em busca de ajuda e perguntou: "Como devo determinar se recomendo um novo produto ou mantenho os clientes com o produto que eles já têm atualmente?", os instintos e a experiência de Baran vieram à tona. Ela orientou Dabrowski a focar os critérios estabelecidos pelo banco para solicitações diárias: se não soubesse a resposta, ele deveria fornecer aos clientes o número do grupo de investimentos, que poderia oferecer informações mais detalhadas. Conselho razoável — problema resolvido, de maneira rápida e fácil.

No entanto, a orientação de Baran *não* foi necessariamente eficaz. Sim, seu treinamento garantiria que Dabrowski não desse conselhos incorretos sobre investimento, mas a experiência dos clientes não era das melhores — um fator que pode influenciar drasticamente a lealdade de um cliente a um banco. Era preciso duas ou mais ligações distintas, que passavam pelo elaborado sistema telefônico da empresa, para conseguir as informações necessárias. Quantas vezes você já compartilhou histórias terríveis sobre quando ligou para um atendimento ao cliente e foi transferido de um departamento para o outro? A solução de Baran se concentrou diretamente no que havia funcionado no passado, mas não levou em consideração soluções alternativas. Idealmente, Baran teria entrado em contato com outros gerentes antes do lançamento do novo produto para se atualizar ou conectado Dabrowski à equipe de investimentos para receber a orientação adequada para suas ligações.

Quando nos encontramos em uma situação difícil ou ambígua, é difícil admitir aos funcionários que não sabemos o melhor caminho a seguir. Muitos gerentes falham em reconhecer as limitações de suas experiências ou escolhem não resolvê-las. O resultado é que orientam e ensinam sobre áreas nas quais eles mesmos têm domínio limitado e, assim, acabam oferecendo conselhos ruins. Se você já se sentiu aderindo a um padrão de sugerir ou fazer muitas suposições com seus funcionários, saberá que é preciso uma base sólida de confiança e autoconsciência para admitir ignorância ou procurar respostas em outros lugares. Quando oferecemos recomendações erradas ou imprecisas — como Baran fez —, os funcionários começam a ter atitudes que podem resultar em um desempenho mais fraco.

CIENTE DA DISPONIBILIDADE

Os gerentes têm convicção de que devem ajudar seus funcionários a terem sucesso, mas às vezes eles mesmos se atrapalham. Independentemente do tipo de gerente que você seja, para evitar os mitos mencionados, lembre-se de uma coisa: você só conseguirá mudar quando souber o seu lugar.

Como destacamos no Capítulo 1, o quiz Que Tipo de Gerente É Você? (disponível na página 211) o ajudará a descobrir seu estilo dominante de treinamento. Se sua pontuação o identificar como um gerente disponível, não se desespere. O restante deste livro o ajudará a realizar algumas mudanças. Parte dessa jornada é sobre como você pode se tornar, ativamente, um gerente menos disponível; no entanto, não são apenas os gerentes disponíveis que precisam estar cientes de seu comportamento quando se trata de treinamento. Uma das maneiras mais fáceis de avaliar o quanto você agrega como mentor de uma equipe é perguntando a seus funcionários. O aprendizado e a autoconsciência podem advir de perguntas simples feitas pessoalmente que o ajudam a entender o seu lugar. Comece com: "Como estou ajudando ou dificultando o seu desenvolvimento?"; "O que estou fazendo que está afetando, acidentalmente, você e a equipe de maneira negativa?".

A autoconsciência baseia-se não apenas na escuta ativa, mas também no conhecimento sobre seus gatilhos: quando a sua personalidade disponível se manifesta? Às vezes, basta um gatilho para que alguns de nós espalhem feedbacks como um tsunami. Seguem alguns exemplos de gatilhos que observamos em nossa pesquisa e em conversas com centenas de gerentes:

- *Momentos de pressão* — Quando um prazo se aproxima, você começa a ficar obcecado pelas possíveis consequências do fracasso. A personalidade disponível tende a microgerenciar e fornecer feedback contínuo que pode, provavelmente, ser inoportuno.

- *Reconhecimento da perda de controle* — Sua equipe está gerenciando vários fluxos de trabalho de forma independente, e decisões estão sendo tomadas sem você — o que pode ser uma coisa boa, se bem gerenciada. A personalidade disponível começará a fornecer mais feedback acompanhado por um tom de arrogância e negatividade.

- *Julgamentos rápidos* — Um de seus subordinados diretos está pedindo conselhos. Você faz suposições prematuras (por exemplo, sobre as capacidades e aspirações desse funcionário). A personalidade disponível terá opiniões irredutíveis sobre o que é melhor para ele que podem estar erradas.

- *Conflito* — Ao abordar uma decisão junto de sua equipe, existem pontos de vista diferentes e conflitantes sobre os próximos passos. A personalidade disponível assume como padrão a orientação imperativa, o que possivelmente levará a conselhos ineficazes.

- *Fácil conectividade* — As ferramentas de comunicação prevalentes causam nos gerentes a tentação de fazer contato frequentemente, possibilitando uma supervisão constante. A personalidade disponível solicita ou inicia verificações com frequência e fornece feedback, direta e indiretamente, quando não é válido ou necessário. Isso invariavelmente diminui a tomada de decisões, transferindo-a para os superiores. Ao conversar com os funcionários e analisar a situação, constatamos que muitos começam a pensar: "É melhor verificar antes de tomar uma decisão."

- *Tempo livre* — Após um trabalho intenso e alguns prazos cumpridos, você respira aliviado e volta a acompanhar algumas outras coisas. A personalidade disponível começa a disparar mensagens, feedback e perguntas da equipe.

Lembre-se desses gatilhos ao interagir com sua equipe. Conforme eles forem surgindo, reserve um momento para se adaptar adequadamente. Por fim, se você tiver um gatilho principal que acarreta uma abordagem disponível, compartilhe esse aspecto com seus funcionários para que eles possam ajudá-lo a se controlar.

Lidando com um Gerente Disponível

Embora a maioria dos gerentes esteja simplesmente tentando manter seus funcionários no caminho certo, trabalhar com um gerente disponível pode ser uma tarefa complicada. Existem poucas coisas que você pode fazer para assumir o controle da situação. Essas sugestões permitirão que você tenha mais controle do desenvolvimento de sua carreira e minimize o alarde que um gerente disponível pode causar com a enxurrada de sugestões e perguntas.

1. Esclarecer os pontos para entender melhor o que realmente importa. Os gerentes disponíveis tendem a corrigir seus funcionários ao primeiro sinal de que algo está errado, mesmo que se trate de um problema ou erro mínimo. Dê um passo além, resumindo os pontos compartilhados por seu gerente. Como parte disso, priorize o feedback, confirme-o com seu gerente e encaixe no contexto da sua carreira e de seu crescimento pessoal. Essa priorização ajuda a concentrar sua energia e deixar para trás um feedback pouco relevante ou com pouca importância.

2. Seja proativo ao definir um plano de desenvolvimento. Pense nos momentos em que você recebeu uma orientação útil e impactante de seus gerentes atuais ou passados. Defina por que funcionou: foi a situação, a forma como o feedback foi dado, o momento em que ocorreu ou o tipo de orientação? Compartilhe essa análise com seu superior. Em seguida, faça uma pausa para pensar no que seu gerente deseja alcançar com o treinamento — isso ajudará a alinhar suas expectativas e tornará a conversa mais relevante e proveitosa. Por fim, quando o treinamento e o feedback forem valiosos, não hesite em dizer ao seu gerente.

3. Comunique suas necessidades e aspirações de carreira. Direcione seu gerente para as áreas nas quais você busca desenvolvimento, tendo em vista cargos futuros e habilidades que deseja adquirir. Ao mapear o futuro, você orienta seu gerente disponível a fornecer feedback em áreas que estão melhor alinhadas com suas necessidades e desejos. Você pode fazer isso durante sua análise anual de desempenho ou agendar uma reunião individual com seu gerente no final de um trimestre, para obter feedback e compartilhar como suas metas podem ter mudado.

4. Crie suas conexões de desenvolvimento. Os gerentes disponíveis tendem a fornecer orientação mesmo em áreas nas quais seu conhecimento é limitado. Para combater isso, tente identificar a base de conhecimento do seu gerente e em quais aspectos ele tem fraquezas a fim de buscar conselhos adequados aos seus pontos fortes. Aproveite o network de sua equipe ou empresa para obter pontos de vista alternativos em outras áreas.

> **5. Procure projetos com gerentes conectores.** A melhor maneira de expandir sua carreira é acumular projetos e funções interessantes e diversas, e (se possível) trabalhar sob a liderança de um gerente conector. O Capítulo 3 o ajudará a identificar melhor esses indivíduos.

UM CAMINHO A SEGUIR

Na clássica série britânica de ficção científica *Doctor Who*, o personagem principal viaja no tempo para corrigir erros — que ótima ideia![20] Infelizmente, você não pode voltar no tempo para mudar de metodologia, mas pode seguir em frente e adotar uma nova abordagem eficaz para o desenvolvimento. Os líderes de sua empresa provavelmente continuarão solicitando treinamento e feedback contínuos. À medida que você muda de emprego ou é promovido, pode acabar tendo um novo chefe que demande mais treinamento e feedback do que você se sente à vontade em aplicar; portanto, tentaremos prepará-lo com técnicas para romper com a tendência disponível em várias situações.

O modelo disponível não é apenas uma abordagem ruim, mas também insustentável. Você não dispõe de tempo para fornecer feedback e treinamento constantemente — e não se engane acreditando que pode oferecer pessoalmente todas as respostas que sua equipe precisa. Sim, houve um tempo em que adotar uma abordagem proativa e prática de treinamento contínuo fazia sentido, mas o ambiente de trabalho transformado, juntamente às mudanças rápidas nas habilidades que precisamos atualmente, acarretou uma dificuldade muito maior para que os gerentes tenham todas as respostas.

Mesmo assim, nossa pesquisa descobriu uma estratégia que resistirá à passagem do tempo: a abordagem do gerente conector. Alex Kim, o executivo de RH com quem conversamos no banco norte-americano, disse que aprender a abordagem conectora proporciona um momento "eureka!" para os gerentes — eles percebem que não precisam fazer tudo e que podem realmente aproveitar um amplo network para aumentar o desempenho de suas equipes.

Qualquer gerente ficaria grato em ter algo tão pesado quanto "treinamento frequente" retirado de suas costas. No entanto, embora não microgerenciem ou forneçam treinamento intenso, os conectores não são acomodados, pois adotam outras práticas que são muito mais eficazes. Os conectores criam mecanismos para identificar adequadamente as necessidades de desenvolvimento de cada funcionário. Eles personalizam sua abordagem de treinamento a fim de possibilitar um maior desenvolvimento colaborativo, conectando funcionários a outras pessoas para que possam receber a melhor orientação. Como veremos no próximo capítulo, todos esses aspectos evidenciam o fato de que a abordagem conectora garante não apenas o seu êxito como gerente, mas também o sucesso de sua equipe.

SUMÁRIO EXECUTIVO

- Os gerentes estão falhando no desenvolvimento de sua equipe: apenas 40% dos funcionários acreditam que seus gerentes os ajudam a desenvolver habilidades necessárias para suas funções atuais e *futuras*.

- Mito nº 1: quanto mais tempo os gerentes passam fornecendo treinamento e feedback, melhor. Nossa pesquisa constata que não *há correlação significativa entre o tempo despendido em treinamento e o desempenho dos funcionários*.

- Mito nº 2: espera-se que os gerentes sempre saibam o que é melhor para seus funcionários. Nossa pesquisa mostra que apenas *18% dos funcionários acreditam que seus gerentes entendem seu trabalho*.

- Mito nº 3: os gerentes são a melhor fonte de treinamento e feedback para seus funcionários. *Os gerentes não conseguem fornecer todas as respostas, pois o mercado de trabalho continua se transformando e as habilidades precisam ser atualizadas*.

- Os gerentes devem estar cientes de como certos gatilhos — momentos de pressão, conflitos ou reconhecimento da perda de controle, por exemplo — podem desencadear a abordagem disponível.

CAPÍTULO 3

O Gerente Conector

Geralmente, um caixa do banco pode dar mais respostas do que eu.[1]
— Jamie Dimon, CEO do JPMorgan Chase

O Dr. Richard Harris aplicou um anestésico em Chanin Wi-boon-rungrueng (apelidado de Titan), um membro de 11 anos do time de futebol Javalis Selvagens, deixando-o inconsciente. O procedimento impediu que Titan e todos os outros meninos entrassem em pânico durante o resgate pelas passagens estreitas e águas turvas da caverna de Tham Luang, na Tailândia. O caminho de onde os meninos estavam até a saída da caverna levaria 3 horas, mas o anestésico duraria apenas 45 minutos, exigindo que os mergulhadores parassem e medicassem novamente os meninos durante a missão.[2]

Esse plano arriscado era considerado a única opção de resgate aos Javalis, que ficaram presos por 18 dias na caverna.[3] O governador Osottanakorn e o restante da equipe de resgate analisaram diversas maneiras de salvá-los, incluindo ensinar técnicas de mergulho à equipe, esperar até o final da época de monções para que houvesse menos água na caverna, encontrar uma entrada alternativa ou perfurar um túnel de resgate através do calcário macio. Mas nada disso funcionaria.[4] Quando a missão final foi iniciada, o governador montou uma equipe de resgate composta de treze mergulhadores internacionais e cinco fuzileiros navais da Marinha Real Tailandesa, além de quase cem mergulhadores tailandeses e estrangeiros posicionados em vários pontos para auxiliar em exames médicos e reabastecimento dos tanques de ar dos mergulhadores principais.[5]

Devido ao seu estado semiconsciente, os meninos não conseguiriam nadar. Por esse motivo, foram colocados em macas e vestiam roupas de mergulho, coletes salva-vidas e máscaras faciais inteiras de pressão positiva. Um cilindro cheio de ar foi preso ao peito de cada um deles, e cada maca foi amarrada a dois mergulhadores encarregados de guiá-la pelas passagens subaquáticas da caverna e carregá-la pelos trechos secos da expedição.[6] Um dos mergulhadores tailandeses, o comandante Chaiyananta Peeranarong, descreveu a cena: "Alguns [dos garotos] estavam dormindo, outros balançavam seus dedos... [como se estivessem] grogues, mas estavam respirando."[7] Porém, mesmo com a respiração e a mobilidade dos garotos em ordem, ainda havia uma infinidade de armadilhas e obstáculos a serem enfrentados pela equipe de resgate. Os mergulhadores tailandeses e estrangeiros precisavam transportar as macas cuidadosamente por passagens estreitas, para evitar que as máscaras dos Javalis se deslocassem com o impacto em rochas duras e afiadas. Os mergulhadores mantiveram a cabeça em uma posição mais alta, para que, em condições de pouca visibilidade, eles esbarrassem nas pedras primeiro que os meninos.[8]

Após o primeiro mergulho com cada garoto, as equipes eram recebidas por outros mergulhadores em uma parte da rota por terra. Nesses pontos de parada ao longo das estreitas passagens da caverna, os equipamentos dos garotos eram removidos para avaliar seu bem-estar, e o sedativo era aplicado novamente caso fosse necessário.[9] Após terem passado pela parte mais complexas da missão, os meninos foram transportados por uma corrente formada pelos membros da equipe de resgate, que estavam posicionados ao longo do perigoso caminho de saída da caverna. Em suas macas, os meninos foram alternadamente carregados, puxados e elevados por meio de uma complexa estrutura de roldanas instalada por profissionais de escalada.[10] Ao saírem da caverna, os Javalis Selvagens foram levados para um hospital, onde ficaram em quarentena para determinarem se haviam contraído alguma doença infecciosa, devido à estadia prolongada na caverna úmida.[11] O Dr. Harris resumiu bem o sucesso da missão ao afirmar: "O senso de responsabilidade por esses meninos era arrebatador, e... o fato da nossa estratégia de resgate ter funcionado, não apenas uma, mas treze vezes, ainda parece além dos limites possíveis."[12]

AS TRÊS CONEXÕES

Esse resgate milagroso não poderia ter acontecido sem a liderança do governador Osottanakorn. De fato, recorrendo a seus próprios conhecimentos e habilidades para coordenar os esforços dos voluntários e da marinha, identificando os pontos fortes de sua equipe, criando um ambiente de equipe eficaz e trazendo mergulhadores internacionais para ajudar a facilitar um rápido aprendizado e melhores resultados, o governador mostrou todos os atributos de um gerente conector durante a operação.

Em um contexto de gerenciamento, os conectores possibilitam o alto desempenho de modos muito semelhantes. Especificamente, eles impulsionam o desempenho por meio de três conexões:

- *A conexão de funcionários* — Eles se conectam com seus funcionários, diagnosticando suas necessidades de desenvolvimento individuais e adaptando sua abordagem de treinamento e feedback.

- *A conexão de equipe* — Eles conectam os funcionários a seus colegas para que haja desenvolvimento, criando um ambiente de equipe capaz de reconhecer e incentivar o treinamento colaborativo.

- *A conexão de organização* — Eles ajudam os funcionários a aprenderem e se conectarem com as pessoas e oportunidades certas, dentro e fora da organização, para treinamento e desenvolvimento.

Cada uma dessas conexões gera resultados específicos que, por fim, reúnem circunstâncias, capacidade e prontidão para o desenvolvimento das funções e dos objetivos individuais, a fim de que os colaboradores consigam atingir todo o seu potencial de desempenho. Sob a supervisão de um conector, o desempenho de um funcionário começa a aumentar exponencialmente. Comparados a todos os outros gerentes, os conectores ajudam os colaboradores a melhorarem significativamente seu desempenho, auxiliando não apenas suas funções atuais, mas também o *futuro* de suas carreiras, ao mesmo tempo que reforçam seu engajamento e permanência.

Quando começamos a investigar os quatro tipos de gerente no início de nossa pesquisa, nos concentramos principalmente em entender as atividades e prioridades de cada um. Os líderes de torcida delegam mais tarefas? Gerentes disponíveis se ocupam com mais reuniões? Começamos mapeando o trabalho dos gerentes com seus subordinados diretos e usamos nossas descobertas para identificar atitudes comuns. No caso dos conectores, descobrimos três conexões em comum. Analisaremos cada uma delas, usando o governador Osottanakorn como figura central. A partir da história na caverna tailandesa, começaremos pela conexão de funcionários.

Figura 5: As conexões do gerente conector

A CONEXÃO DE FUNCIONÁRIOS

O objetivo do governador na missão era resgatar todos os treze Javalis Selvagens e seu treinador com segurança. Após o time persistir por mais de dez dias na escuridão quase constante, com um fluxo intenso de água pingando das estalactites, e passar dias cavando as paredes da caverna com pouca esperança de escapar, seu estado mental estava ficando instável.[13] Para arquitetar o resgate, o governador precisava fornecer à equipe de salvamento todo o apoio fundamental necessário. Com vidas em perigo, não havia praticamente nenhuma margem para erros.

Talvez por isso ele tenha dedicado um tempo valioso para descobrir as habilidades de sua equipe de mergulhadores da Marinha Real Tailandesa. Ao conhecê-los, Osottanakorn avaliou a confiança de cada um para lidar com as condições que poderiam existir pelo complexo de cavernas de Tham Luang. Ele inclusive permitiu que eles explorassem as cavernas até onde se sentissem confortáveis, antes de decidir como avançar.[14] Esses mergulhadores não eram apenas de elite e bem treinados, mas também entendiam os aspectos psicológicos e físicos da missão — o que os meninos ilhados precisariam em termos de apoio e o que lhes permitiria arquitetar uma rota de fuga da perigosa caverna. Talvez o mais importante tenha sido o fato de falarem tailandês, o que permitiria uma fácil comunicação com os Javalis. A primeira decisão do governador Osottanakorn durante a missão foi a mais crítica. Ele procurou se familiarizar completamente com sua equipe para, dessa forma, diagnosticar e dar suporte a suas necessidades. Ele fez perguntas aos mergulhadores a fim de entender como complementar suas habilidades e conseguir os recursos certos para possibilitar o sucesso da operação. Isso implicava avaliar não apenas a missão, mas também as habilidades que os envolvidos precisariam ter, como experiência para mergulhar em águas profundas e escuras, ou experiência médica para lidar com qualquer problema de saúde dos meninos.

Em um ambiente de trabalho mais "comum" (onde não há risco de vida), a conexão de funcionários inclui uma avaliação por parte do gerente acerca das habilidades e necessidades de sua equipe — e muito mais. Espera-se que a maioria dos gerentes frequentemente forneça treinamento e feedback fluidos e "práticos" aos funcionários em prol de seu desempenho. A conexão de funcionários envolve todas as interações individuais que você estabelece com seus colaboradores, desde treinamento e feedback direto até o compartilhamento das expectativas de desempenho. Isso representa o "corriqueiro" do seu trabalho como gerente, com a expectativa de que os funcionários sejam guiados com um forte senso de convicção e discernimento. Fazer a conexão individual com cada funcionário dar certo não é apenas desafiador, é *crucial*. Se você não dominar essa etapa, será quase impossível obter sucesso nas outras duas conexões, o que torna a conexão de funcionários a mais poderosa e perigosa.

Comparados com outros tipos de gerentes, os conectores despendem quase a mesma quantidade de tempo em conversas de desenvolvimento. A diferença é que eles o fazem de *outra* maneira — dedicam boa parte de sua energia e tempo de treinamento construindo um profundo e próspero relacionamento com seus funcionários a fim de identificar precisamente suas necessidades, interesses e aspirações. Eles investem a maior parte do tempo em ouvir ativamente e fazer perguntas que geram confiança, além de entender o contexto de seus colaboradores. No entanto, a conexão de funcionários vai além dessas ações e garante que os gerentes avaliem a disposição de uma pessoa para se desenvolver mais — em outras palavras, a capacidade de assimilar e agir de acordo com novas metas de orientação e desenvolvimento. Isso ajuda a facilitar a capacidade do conector em descobrir pequenas soluções que possibilitem que os funcionários identifiquem suas principais virtudes e o que realmente desejam em seu trabalho ou carreira, mas, ao mesmo tempo, também é uma forma eficaz de apontar áreas que podem sabotar seu sucesso.

Ao fornecer feedback, os conectores flexibilizam suas orientações para se encaixarem nas necessidades, na personalidade e receptividade de cada indivíduo. Conectores se perguntam: "Será que essa pessoa está pronta para absorver mais desenvolvimento?" No feedback, eles priorizam falar sobre os pontos fortes, mas se sentem à vontade para apontar os pontos fracos quando necessário. Os conectores são mestres em garantir que as pessoas entendam suas potencialidades, além de fornecer feedback sobre o desenvolvimento quando preciso. Em comparação com o gerente disponível, podemos perceber uma grande diferença. Gerentes disponíveis fornecem feedback constante com menos compreensão das necessidades ou interesses de uma pessoa, levando os indivíduos a se sentirem desmotivados e inseguros quanto à sua capacidade de obter sucesso. Esse tipo de feedback tende a ser "corretivo" e, em muitos casos, está fora de sintonia com a preparação da pessoa para seguir essa orientação.

No Capítulo 4, exploraremos como desenvolver a conexão de funcionários, orientando-o a fazer algumas perguntas poderosas de conector, cujas respostas ajudarão a descobrir adequadamente o quadro completo das necessidades, aspirações e circunstâncias de seus subordinados diretos.

A CONEXÃO DE EQUIPE

Os mergulhadores da Marinha Real Tailandesa trouxeram habilidades vitais para a operação de resgate na caverna, assim como uma grande desvantagem: seus conhecimentos estavam limitados a ambientes aquáticos a céu aberto, como rios, lagos e oceanos. Com pouca experiência em cavernas subterrâneas sinuosas, estreitas e inexploradas, eles precisariam de mais tempo de treinamento do que a operação permitia.[15] O tempo necessário para um resgate bem-sucedido estava se esgotando e o governador tailandês precisava agir rapidamente. Ao permitir que a equipe experimentasse e compartilhasse suas habilidades com ele e entre si, Osottanakorn pôde julgar melhor como incluir habilidades adicionais de outros mergulhadores. Felizmente, ele tinha mais alguns recursos à sua disposição: mergulhadores com experiência em cavernas, vindos de outros países e que haviam se voluntariado para ajudar ao serem chamados pelas autoridades locais. Alguns mergulhadores seriam designados para fornecer suprimentos aos meninos, como alimentos e água potável, enquanto outros se concentrariam em posicionar tanques de ar reserva ao longo de toda a caverna, fundamentais para a segurança dos mergulhadores durante suas entradas e saídas.[16] Cada uma das funções na missão de resgate foi cuidadosamente atribuída considerando as habilidades e experiências dos mergulhadores. O governador criou uma espécie de "equipe ideal" para ajudar a lidar com a crise. Ele reconheceu a oportunidade de acelerar a missão de resgate, estrategicamente impulsionando o poder do compartilhamento de habilidades da equipe. É exatamente isso que os conectores fazem: criam um ambiente de equipe positivo e colaborativo e incentivam o desenvolvimento entre colegas.

Quando o governador conectou a equipe da Marinha Real Tailandesa aos mergulhadores estrangeiros, os *dois* grupos aprenderam e se beneficiaram um com o outro. Os mergulhadores tailandeses contribuíram com considerável conhecimento local: entendiam o protocolo de resposta a desastres do governo, sabiam interagir com civis em perigo e falar tailandês. Os mergulhadores estrangeiros, por sua vez, propiciaram o entendimento sobre navegação em cavernas e o conhecimento para posicionar recursos necessários para a missão, como o suprimento de ar. A equipe da marinha tailandesa presenciou e aprendeu técnicas para que pudessem trabalhar no ambiente restrito e perigoso da caverna, como navegar no "ponto de estrangulamento", uma parte muito estreita do túnel, com apenas 15cm de largura e uma curva ascendente extremamente acentuada, seguida por uma descida íngreme.[17] A equipe de retirada dos meninos precisava conduzir cada garoto e sua maca por essa passagem claustrofóbica. Ao compartilharem suas habilidades com êxito, a soma dos esforços dos mergulhadores internacionais, da Marinha Real Tailandesa e de vários outros participantes levou ao resgate seguro do time e de seu treinador da caverna inundada.

Para a maioria dos gerentes, formar equipes trata-se de "fazer o que deve ser feito", em vez de desenvolver um time sintonizado de profissionais de alto desempenho. A maioria dos livros e estudos sobre desempenho de equipe concentra-se na necessidade de construir confiança, eliminar o medo de conflitos e melhorar o compromisso com o sucesso, a fim de fazer com que as equipes funcionem bem, cumpram objetivos e se adaptem a mudanças — importantes alicerces de ótimas equipes. No entanto, o tema central da literatura atual sobre equipes se baseia nos resultados coletivos, e não em um desempenho individual mais forte. Muitos gerentes subestimam o potencial do desenvolvimento de equipe como forma de aumentar o desempenho dos funcionários. Essa conexão diz respeito a alavancar a diversidade de pensamentos, experiências e habilidades em uma equipe e preparar os funcionários para que possam realizar uma "polinização cruzada". A conexão de equipe não se trata apenas de alavancar o potencial óbvio para que haja compartilhamento de habilidades, mas também incentivar e ritualizar os funcionários para que compartilhem abertamente suas necessidades de desenvolvimento. Para tanto, os conectores sustentam esse aspecto da conexão de equipe, em parte, ao serem claros quanto à sua própria inexperiência ou falta de conhecimento.

Na conexão de equipe, os conectores se esforçam para entender o que inspira os indivíduos e as equipes a fim de desenvolver suas próprias abordagens personalizadas de gerenciamento e garantir que todos trabalhem em direção a objetivos em comum. Os conectores incentivam os membros de suas equipes a compartilharem suas diversas opiniões, bagagens e experiências, e a usarem essas diferenças para criar confiança dentro da equipe. Eles também facilitam que funcionários desenvolvam seus colegas ao institucionalizar e ritualizar o compartilhamento de informações, pontos fortes e necessidades. Isso cria uma base para que as equipes promovam aprendizado e desenvolvimento de forma mais rápida. Considere o potencial poder de harmonização de sua própria equipe — em uma composta por apenas 5 funcionários, existem quase 25 conexões possíveis entre os membros que podem ajudá-los a melhorar suas habilidades. Comparativamente, na abordagem disponível, percebemos uma situação que subestima completamente a equipe. Os gerentes disponíveis conduzem o treinamento e o desenvolvimento de uma maneira que os torna a principal (e em muitos casos a única) fonte. Ao não identificar ou aproveitar as habilidades em sua equipe, perde-se a oportunidade de ajudar os funcionários a aprenderem e se desenvolverem mais rápido e melhor.

No capítulo 5, discutiremos como você pode abordar o desenvolvimento colaborativo em sua equipe de forma significativa e executável, e como os gerentes conectores tornam a dinâmica de equipe sua principal ferramenta para promover confiança, inclusão e abertura ao compartilhamento de habilidades.

A CONEXÃO DE ORGANIZAÇÃO

Talvez a conexão mais popular feita pelo governador Osottanakorn tenha sido solicitar a experiência do Dr. Richard Harris. Ele é um famoso mergulhador australiano que também é especializado em anestesia. Como parte da última alternativa de plano de resgate, o

Dr. Harris foi trazido para desenvolver a mistura correta de medicamentos que manteria os meninos vivos e inconscientes enquanto os mergulhadores os transportavam para fora da caverna.[18] A mistura final incluía cetamina, que é um sedativo, e atropina, uma droga que reduz a produção de saliva para evitar que eles engasgassem enquanto inconscientes.[19] Como parte do plano, o Dr. Harris precisava ensinar aos outros mergulhadores e à equipe de serviços de emergência como administrar os medicamentos durante a jornada de 3h para fora da caverna.[20]

O governador Osottanakorn não apenas facilitou essa importante conexão, mas também estabeleceu o tom de interação dos grupos envolvidos. Esse último ponto é fundamental. Os conectores não apenas estabelecem pontes entre colegas, parceiros ou mentores e esperam o melhor resultado. Na verdade, eles preparam os funcionários para conectarem-se com outras pessoas dentro e fora da organização, buscando treinamento e desenvolvimento — e reavaliam o valor da conexão uma vez que ela é feita. Chamamos esse conceito de "dar e receber". Em essência, os conectores ajudam os funcionários a se tornarem melhores aprendizes quando criam essas novas conexões. Essa conclusão é proveniente de nossos dados. Comparados a todos os outros tipos de gerentes, os conectores agregam mais valor ao promoverem essas conexões de organização. Não é que eles tenham uma maior rede a ser explorada, eles apenas sabem como alavancar suas conexões para atender às necessidades de seus funcionários de maneira mais ampla.

Além disso, os conectores facilitam a conexão de organização ao auxiliarem os funcionários a entenderem onde as conexões "mais adequadas" podem ser encontradas. Isso não exige que os gerentes literalmente façam um organograma, mas que encontrem e impulsionem os principais pontos de contato, como parceiros de negócios de recursos humanos que podem ajudá-los a determinar em quais áreas da empresa as habilidades prevalecem.

Por fim, os gerentes conectores compreendem as nuances de treinamento entre as necessidades de trabalhos temporários e as oportunidades de carreira em longo prazo, ajudando a moldar as conexões mais adequadas para ambos. As melhores conexões podem não ser fáceis de achar, especialmente porque os funcionários raramente buscam por desenvolvimento além de suas redes mais próximas, e os gerentes geralmente não ajudam os colaboradores a obter valor de desenvolvimento dessas conexões que fazem. No entanto, os conectores colocam de lado suas inseguranças concernentes ao que eles mesmos não sabem a fim de ajudar seus funcionários a identificarem mentores — dentro e fora da companhia — que possuem as habilidades necessárias. Se compararmos esse aspecto com a abordagem do gerente disponível, podemos perceber seu lado prejudicial. O gerente disponível fornece conselhos sobre uma variedade de habilidades — mesmo que não possua os conhecimentos necessários. Esse tipo de gerente pode não reconhecer suas próprias deficiências de habilidades ou falta de conhecimento e opta por fornecer orientação e feedback que podem se mostrar imprecisos e conduzir ao erro — o resultado é uma redução do desempenho dos funcionários.

No Capítulo 6, discutiremos sobre como desenvolver a conexão de organização intermediando as relações de desenvolvimento, expandindo as redes de funcionários individuais e se tornando um "treinador ativista" como parte do processo. Por enquanto, considere como o gerente disponível se compara ao gerente conector.

	Gerente Disponível	Gerente Conector
Suposição	"Sei mais do que você e guiarei todo o seu desenvolvimento."	"Eu entendo VOCÊ e auxiliarei seu desenvolvimento no que eu puder ou encontrarei alguém que possa ajudá-lo."
Ações	Fornece feedback contínuo com um entendimento mínimo das necessidades ou dos interesses do colaborador.	Fornece feedback personalizado e direcionado, diagnosticando a preparação e as necessidades únicas do desenvolvimento de cada colaborador.
	Direciona todo o treinamento e desenvolvimento para cada funcionário.	Cria um ambiente de equipe, reconhecendo e incentivando o desenvolvimento colaborativo.
	Fornece aconselhamento sobre diversas habilidades, mesmo que não tenha experiência nelas.	Ajuda os funcionários a aprenderem com outras pessoas, conectando-os aos profissionais certos para o seu desenvolvimento.
Resultado no Desempenho de Funcionários	-8%	+26%

Figura 6: Comparando o gerente disponível com o gerente conector

QUALIDADES DE LIDERANÇA DO CONECTOR

As conexões criadas pelos gerentes conectores são os valores mais tangíveis que eles oferecem para melhorar o desempenho de seus funcionários. Mas outro tipo de valor surgiu da nossa pesquisa — as qualidades mais amplas de liderança que os gerentes conectores cultivam em si mesmos. Empresas de todo o mundo têm vários tipos de estruturas que descrevem as habilidades e os comportamentos que os gerentes devem desenvolver, e as qualidades dessas listas podem ser inúmeras. Nossa pesquisa, no entanto, descobriu que existem apenas cinco qualidades específicas de liderança que têm maior impacto e são fundamentais para a abordagem do conector. Essas qualidades sustentam as conexões que os gerentes conectores fazem — e, sem elas, é quase impossível atuar verdadeiramente como um conector. Muitas das qualidades de liderança podem parecer intuitivas, mas nossa pesquisa mostra que poucos gerentes aplicam essas qualidades de maneira consistente.[21] Em todos os casos, é possível desenvolver e construir essas qualidades em si mesmo, como uma maneira de libertar o conector dentro de você.

A primeira qualidade que descobrimos é a curiosidade. *Os conectores têm curiosidade sobre pessoas e ideias.* Quando questionado sobre qual característica de liderança ajudaria mais os líderes a ter sucesso, Mike Dell, CEO da Dell, afirmou: "Eu apostaria na curiosidade."[22] A curiosidade ajuda a entender melhor as situações, revela novas soluções e promove uma comunicação mais aberta. Muitos de nós somos naturalmente curiosos — quando crianças, fazemos perguntas quase que excessivamente, procurando explicações para tudo. Porém, a má notícia é que a curiosidade para de se desenvolver muito cedo. No local de trabalho, essa qualidade notável é ainda mais esgotada, à medida que tentamos nos encaixar no método de trabalho da empresa. Por exemplo, uma pesquisa com 250 pessoas recém-admitidas em uma nova empresa revelou que seus níveis de curiosidade diminuíram mais de 20% nos primeiros seis meses.[23] A evidência é clara: simplesmente deixamos de ser tão questionadores quanto poderíamos. Os conectores desafiam essa tendência, pois procuram desenvolver e expressar sua curiosidade ao longo de suas carreiras. Eles estão verdadeiramente interessados em conhecer as pessoas ao seu redor. Demonstram um profundo interesse em seu trabalho e área profissional, e ainda exibem uma abertura a novas ideias. Em vez de confiar em suposições ao fornecer feedback e tomar decisões, essa qualidade se traduz em uma busca pela descoberta por meio do questionamento. De fato, os conectores fazem mais perguntas do que outros tipos de gerente e têm maior probabilidade de solicitar a opinião alheia. Eles também realizam pesquisas e normalmente consultam especialistas antes de prosseguir com um plano. Essa sede de conhecimento e compreensão desempenha um papel primordial na capacidade de um conector de fazer conexões.

Esse alto nível de curiosidade aparece nas conversas diárias que os conectores mantêm com sua equipe. Quando conversamos com Kimberly Bringas, entusiasta de RH e cultura na Olark, ela compartilhou que os gerentes de sua empresa são incentivados a formarem um perfil completo de cada um dos membros de sua equipe — vida pessoal, hobbies, alegrias e preocupações. Ela até fornece exercícios e sugestões específicas, como perguntar a um funcionário: "Se eu realmente conhecesse você...", para que ele complete a frase. O objetivo é entender o contexto individual de cada pessoa, sua história e seu contexto atual, e superar os preconceitos preexistentes que os gerentes podem ter sobre as pessoas. Isso também revela experiências anteriores dos funcionários com gerentes — positivas ou negativas — que influenciam a maneira como eles abordam seu trabalho e os relacionamentos que têm com seus chefes. Dessa maneira, os conectores podem realmente saber o que estimula ou retarda o desenvolvimento de uma pessoa.

Em seguida, descobrimos que os *conectores agem com coragem em situações desafiadoras*. Peter Drucker, o ilustre estudioso da administração, afirmou: "Quando você vê um negócio bem-sucedido é porque alguém, algum dia, tomou uma decisão corajosa."[24] A coragem pode assumir várias formas, incluindo a busca de ideias não convencionais, a transferência do controle de situações, a tomada de decisões impopulares e o feedback incisivo. A coragem ajuda a resolver problemas difíceis e, ao remover obstáculos, guia uma organização e uma equipe em direção a um objetivo final. Pode-se dizer que a coragem não faz parte de nossa concepção intelectual e não pode ser ensinada na sala de aula. Em vez disso, os gerentes ganham coragem participando de cenários de risco com frequência e sem medo. É difícil fazer isso de forma consistente, dado o risco pessoal em potencial a que nos expomos nessas situações. Mas os conectores geralmente são os líderes em circunstâncias que exigem coragem. Por exemplo, nossos dados mostram que os conectores não hesitam em fornecer feedback negativo quando necessário. Eles podem se sentar com um subordinado imediato e ter uma conversa difícil para ajudar essa pessoa a melhorar e corrigir seu desempenho. Eles também promovem uma dinâmica de equipe saudável ao mediar conflitos. Os conectores usam o conflito como ferramenta unificadora de suas equipes — uma maneira de entender, destacar e expor diferenças. Alavancar e aproveitar diferenças de habilidades, opiniões, bagagem e experiências se tornam elementos constitutivos do alicerce de desenvolvimento da conexão de equipe.

Consideremos o general Stanley McChrystal, veterano há 35 anos nas Forças Armadas dos EUA e líder da Divisão de Comando de Operações Especiais no Iraque. Em uma entrevista com nosso colega da Gartner, o vice-presidente Scott Engler, que apresenta o podcast *Gartner Talent Angle*, o general admitiu que, quando desembarcou pela primeira vez no Iraque, não sabia a melhor maneira de proceder. Com o desafio de enfrentar um oponente ágil como a Al-Qaeda sem qualquer estrutura de comando clara e a capacidade de reagir rapidamente à maioria dos ataques militares, ele percebeu que precisava redistribuir a tomada de decisões. Apesar da convenção militar de que, por ser general, você deve ter a resposta para todas as perguntas, McChrystal tomou a decisão corajosa de instituir o que chamou de "transparência radical".[25] Como parte de sua nova abordagem, o general determinou uma teleconferência diária (para todos no comando, independentemente da posição) com atualizações sobre tudo o que as tropas haviam aprendido no dia anterior. Lições ou dados de, digamos, uma operação em Mosul seriam imediatamente comunicados e refletidos em novas operações em Basra ou Bagdá. Antigamente, esse nível de compartilhamento de informações levava dias e, pior, nunca era totalmente incorporado às tomadas de decisão. Mais importante, o vídeo diário também descrevia não apenas o que o general sabia, mas também o que ele *não sabia*. Isso permitia que todos ouvissem os conhecimentos dos líderes da hierarquia e revelava lacunas nas quais as informações específicas eram necessárias. Para as equipes, ouvir o general dizer "eu não sei" e, então, prolongar o processo de informações e decisões foi uma iniciativa abrangente nas Forças Armadas. Com um vídeo simples, McChrystal conseguiu mudar a estrutura de comando militar em um difícil cenário de guerra. Isso requer coragem.

A terceira qualidade de liderança que descobrimos é que os *conectores são transparentes e conscientes* de suas habilidades e seus comportamentos. Alan Mulally, ex-CEO da Ford Motor Company, disse: "A maior oportunidade de melhoria — nos negócios, em casa e na vida — é a conscientização."[26] Em outras palavras, os conectores reconhecem seu estado atual, assumem a responsabilidade por suas emoções e pedem ajuda. Isso significa possuir um senso claro de seus pontos fortes e fracos relativos a habilidades, tarefas e situações no trabalho. Os conectores usam essa autoconsciência para se tornarem mais transparentes para os outros — compartilham abertamente suas deficiências e necessidades de desenvolvimento. Eles também entendem o impacto que suas ações têm sobre os outros, incluindo a percepção das pessoas em relação a eles. Isso ajuda os conectores a se comunicarem de uma maneira que demonstre empatia e possibilite uma ação construtiva. Esse nível de autoconsciência é fortalecedor, pois fornece conhecimento aos conectores para fazerem melhores escolhas e implementarem mudanças quando necessário. Isso não significa que eles estejam passando por uma transformação constante; pelo contrário, eles aprendem a ser eles mesmos e a aproveitar seus pontos fortes e vulnerabilidades.

Considere como exemplo a CEO do Vimeo, Anjali Sud, de 37 anos. Antes de assumir o comando do Vimeo, uma plataforma de vídeo aberta sem anúncios, Sud passou vários anos na Amazon, onde era gerente de categoria de brinquedos para uma das subsidiárias da empresa.[27] O plano era que ela gerisse uma equipe de compradores veteranos com vasta experiência em seus respectivos setores. Sud, cuja experiência era no setor de bancos de investimento, nos disse: "Eu certamente não sabia nada sobre brinquedos, muito menos sobre como construir um negócio bem-sucedido de brinquedos."[28] Para superar essa falta de experiência e conhecimento, ela tomou uma simples atitude que reverteu completamente a dinâmica: fez com que sua deficiência de habilidades ficasse transparente à sua equipe. Em sua primeira reunião com o grupo, ela reconheceu o profundo conhecimento e a experiência que cada um dos colaboradores oferecia e tudo que lhe faltava — transmitindo a mensagem necessária para ganhar a confiança deles. Isso resultou em uma série de conversas, perguntas e momentos de "se colocar no lugar deles" para entender o negócio de brinquedos — ajudando Sud a estabelecer uma conexão com sua equipe e criar uma "dinâmica de trabalho complementar" que lhes permitiu expandir os negócios.[29] Ser aberto sobre a falta de capacidade ou experiência pode ser uma tarefa intimidante, se não aterrorizante, que a maioria dos gerentes evita. Porém, os conectores a consideram uma obrigação — criar confiança, incentivar outras pessoas a compartilharem seus pontos fortes e vulnerabilidades e criar o ambiente para conversas mais abertas.

A quarta qualidade de liderança que descobrimos é que os *conectores são alunos versáteis*, o que significa que buscam aprender de qualquer fonte. Os conectores são mais propensos a desconsiderar a hierarquia, o cargo e o tempo de serviço quando procuram aconselhamento, expertise ou feedback. Eles são orientados por colegas de trabalho, até mesmo funcionários de categoria júnior, com maior frequência do que outros tipos de gerentes. Simplesmente, interagem e trocam ideias com todos ao seu redor, não apenas com quem é mais experiente ou considerado autoridade absoluta. A versatilidade de aprendizado geralmente se traduz em uma abordagem igualitária de treinamento e desenvolvimento. Ed Catmull, ex-presidente da Pixar e da Walt Disney Animation Studios, afirmou: "Não descarte ideias de fontes inesperadas. A inspiração pode e vem de qualquer lugar."[30] Essa qualidade sustenta o esforço dos conectores em construir fortes conexões de equipe que promovem o desenvolvimento colaborativo. Também os ajuda a identificar as conexões de organização mais adequadas com base em habilidades e conhecimentos, e não em experiência e tempo de serviço. Desenvolver-se de forma não hierárquica pode ser uma adaptação — especialmente se a cultura do local de trabalho promove a hierarquia tradicional e se a construção de relacionamentos entre colegas é menos comum. Mas há um valor considerável em reunir diversas perspectivas de níveis mais baixos da organização, particularmente em uma era dominada por inovação tecnológica consistente, em que os funcionários mais jovens costumam possuir novas habilidades indispensáveis com maior profundidade do que os líderes seniores.

A abordagem de aprendizado de Catmull é um exemplo disso. Ele se juntou à Pixar em uma época em que a hierarquia e os procedimentos governavam. Parte da armadilha dessa estrutura era a criação de uma atmosfera na qual os funcionários que tinham um problema ou uma ideia só podiam recorrer ao chefe, que então passaria a questão à hierarquia de comando. Isso não fazia sentido para Catmull, que disse: "Qualquer pessoa deveria poder falar com alguém, em qualquer nível, a qualquer momento."[31] Catmull tornou a quebra de silos e a remodelação do conceito de autoridade dentro da Pixar parte de sua missão, preparando o caminho para uma democratização da aprendizagem. Há relatos lendários de Catmull "socializando" no estúdio de design no subsolo da Pixar, observando atentamente os engenheiros juniores trabalhando. Intimidados, os jovens engenheiros pensaram que Catmull estava examinando seu trabalho, mas, na realidade, ele estava intrigado — nunca tinha visto as técnicas que estavam sendo usadas. Para grande surpresa deles, Catmull pediu que o ensinassem,[32] pois tinha humildade e curiosidade suficiente para aprender com eles. A preferência do conector por trabalho e desenvolvimento não hierárquico reflete uma apreciação pela expertise em toda a empresa e um respeito pelos pontos fortes de outras pessoas. Para ser um conector, é preciso, fundamentalmente, entender e estar aberto aos outros como uma fonte de treinamento.

A quinta e última qualidade de liderança que descobrimos é que os *conectores são criteriosamente generosos*. Todos podemos concordar que a generosidade é algo que procuramos em nossos gerentes. E não é apenas ser generoso com seu tempo — na verdade, a generosidade do gerente envolve coisas que são muito mais importantes para as pessoas, como compartilhar crédito, informações, poder e crenças. Isso capacita as pessoas a agirem e se unirem em direção a um objetivo maior. Por outro lado, é difícil confiar e apoiar totalmente um gerente que é egoísta e, em alguns casos, parece estar concorrendo com você ou que não acredita no potencial de alguém. Muitos gerentes promovem a competição interna, acreditando que, se as pessoas de sua equipe tiverem o objetivo de "superar" umas às outras, isso aprimorará e consagrará suas habilidades, além de melhorá-las. Os conectores fazem o oposto: eles dão crédito porque entendem a importância de criar um sentimento de comunidade e sucesso compartilhado. Os conectores são o tipo de gerente menos provável de receber crédito por seus próprios êxitos e que tem maior probabilidade de reconhecer os outros por suas realizações.[33] Mostrar confiança aparente na sua equipe é um ato de generosidade que os capacita para o sucesso. Warren Buffett disse que a confiança é uma das forças mais poderosas de uma organização: "Encontre gerentes de confiança e dê a eles uma enorme margem de manobra."[34] A generosidade dos conectores também se estende à disposição de fornecer treinamento e ajudar os outros — eles querem compartilhar suas experiências e seus conselhos sempre que possível e, ao mesmo tempo, aproveitar esses encontros como experiências de aprendizado próprio. Observe que, quando dizemos que os conectores são generosos, isso não quer dizer que eles disponibilizam seu tempo a cada pedido por ajuda. Em vez disso, fornecem o suporte de que sua equipe e colegas precisam, mas também ajudam as pessoas a encontrarem a conexão certa para que a demanda pelo seu tempo não seja exagerada.

Em seu primeiro emprego na universidade, Jaime (um dos autores) trabalhou em um renomado escritório de advocacia em Washington, D.C. Com apenas 23 anos, ele era subordinado a um dos "melhores chefes" da empresa — uma sócia sênior especializada em acordos comerciais internacionais. Essa sócia, chamada Marcia, não tinha nenhum motivo para dar qualquer atenção especial a Jaime. No entanto, repetidamente, ela o orientou, encorajou e compartilhou sua sabedoria, seus recursos e suas ideias — mesmo quando isso não a beneficiava nem um pouco. Ocasionalmente, Marcia pedia sua opinião sobre uma peça processual em que estavam trabalhando e acabava seguindo sua sugestão. Ela era uma líder generosa e inspirou Jaime a querer desenvolver essa mesma qualidade de liderança em si mesmo. Julie Tomich, vice-presidente sênior e gerente-geral de Serviços Comerciais Globais da American Express, reiterou essa abordagem: "As pessoas me ajudaram a chegar aonde estou e é minha responsabilidade passar isso adiante. Além disso, recebo mais dessas interações do que ofereço, dez vezes mais."[35] Os conectores veem cada interação como uma forma de ajudar os outros enquanto eles mesmos aprendem.

POR ONDE COMEÇAR SE VOCÊ FOR UM PROFESSOR OU UM LÍDER DE TORCIDA

Discutimos o impulso organizacional do gerente disponível e por que alguns profissionais seriam naturalmente atraídos por essa abordagem específica de treinamento. Porém, há dois tipos que ainda não abordamos em detalhes e que representam metade dos gerentes que estão lendo este livro agora. *E os professores e líderes de torcida entre nós? Como eles podem começar a se tornar conectores?*

Embora as organizações possam não apoiar as abordagens de professor ou líder de torcida como seu modelo preferido de treinamento de funcionários, muitos gerentes adotam esses estilos — e vale a pena analisá-los um pouco mais. Encontramos várias pistas em nossa pesquisa que esclarecem os fundamentos de cada abordagem. Os dados também nos ajudaram a chegar a algumas conclusões que permitirão que você — líder de torcida ou professor por natureza — mude seu rumo para se tornar um conector.

Professores oferecem treinamento a seus funcionários com base em seus próprios conhecimentos e suas experiências, fornecem feedback orientado por conselhos e direcionam o desenvolvimento de seus colaboradores. Na maioria dos casos, o professor é o funcionário que teve uma carreira de sucesso como colaborador individual, desenvolveu excepcional experiência funcional desde o início e, como resultado, foi promovido a uma função de gerência. Todos reconhecemos esse gerente — descrito pelos colegas como "um incrível vendedor, engenheiro, pesquisador" (ou qualquer outra função que você queira inserir aqui). Se você se lembrar de Tim Che, mencionado no Capítulo 1, reconhecerá que sua "excelência" em programação foi o que lhe rendeu seu papel de gerente. Os professores têm um impacto positivo no desempenho de seus funcionários — mas não chegam a explorar muito o verdadeiro potencial de uma pessoa.

Os professores tendem a confiar em sua própria experiência e consideram sua abordagem correta, em parte por causa de seu conhecimento funcional. Eles tendem a basear suas orientações em seus próprios pontos fortes, levando em conta que foi isso o que lhes trouxe sucesso no passado. Em relação ao feedback, eles são o tipo de gerente com maiores chances de priorizar a conversa sobre áreas de desenvolvimento (ou seja, áreas de melhoria) e geralmente fornecem um feedback negativo.[36] Sua abordagem mais diretiva ao treinamento e desenvolvimento serve como um elo entre gerentes professores e disponíveis — o que um estudo recente do Departamento Nacional de Pesquisa Econômica dos EUA confirma. No estudo, pesquisadores analisaram a carreira de mais de 50 mil vendedores em 214 empresas norte-americanas durante um período de seis anos. A conclusão: os vendedores com maior desempenho eram mais propensos a serem promovidos a um cargo de gerente (professor), mas as vendas diminuíam, em média, 7,5% durante seu período de liderança.[37] Isso sugere que eles continuavam a liderar equipes, alavancando e confiando principalmente em co-nhecimentos adquiridos que poderiam estar errados ou abaixo do ideal em termos de resultados. Embora os professores não estejam universalmente propensos a essa armadilha do tipo disponível, eles tendem a ser mais enfáticos quando se trata de acreditar que sua abordagem está correta.

Em relação à forma como colaboram com colegas e equipes, os professores tendem a estar realmente no centro de sua rede de trabalho, independentemente de sua dimensão. Eles são o tipo de gerente mais propenso a ter uma rede pequena e próxima de colegas de trabalho *ou* uma rede grande e ampla.[38] Em parte, isso ocorre porque os professores gostam de conhecer pessoas novas e de passar tempo com os outros. Além disso, eles são procurados como fontes de treinamento por outras pessoas, incluindo colegas de trabalho, em suas áreas de especialização. Do ponto de vista da carreira, os professores estão inclinados a *permanecerem como estão*. Eles não são tão móveis em suas carreiras quanto outros tipos de gerente, talvez porque se encaixem muito naturalmente no cargo, no mercado ou na função em que possuem experiência. Ao longo de suas carreiras, eles não trabalharam em várias funções, cargos ou empresas nem têm atuação ampla com equipes globais, multi-culturais ou híbridas.[39] Essas experiências se refletem em como os professores gerenciam suas equipes. Considerando que eles não se sentem à vontade em basear-se na diversidade dos grupos e têm menor probabilidade de discutir e reconhecer as conquistas de uma equipe, os professores perdem a oportunidade de tornar sua equipe uma "potência de aprendizado", em que há compartilhamento colaborativo de habilidades.

Para um gerente professor, a transformação em conector exige concentrar a atenção em algumas áreas. Primeiro, *você precisa fazer mais perguntas à sua equipe* — caso contrário, pode recorrer, de modo automático, a respostas que se encaixem perfeitamente em sua experiência ou especialização específica. Fazer perguntas o ajudará a decifrar melhor cada situação individual e determinar a disponibilidade de seus funcionários para seguir e aplicar seus conselhos. Segundo, embora você possa ser aberto sobre seus pontos fortes e se sentir à vontade para discutir as áreas de desenvolvimento de seus *funcionários*, como professor, está menos propenso e apto a reconhecer suas próprias limitações. *Dedique tempo para entender melhor suas deficiências em conhecimento e habilidades*; assim, quando necessário, poderá encaminhar sua equipe para alguém mais adequado que possa ajudá-la a se desenvolver. Como você provavelmente tem uma rede sólida, será fácil conectar funcionários que buscam treinamento como forma de diversificar suas fontes de aprendizado. Por fim, já que você é um modelo para os funcionários, é provável que esteja mais focado em ser o centro do desenvolvimento da equipe e, assim, *facilite o compartilhamento de habilidades*. Ou então, concentre-se fortemente na conexão de equipe, aceitando as diferenças individuais e institucionalizando o compartilhamento de habilidades entre seus membros.

Líderes de torcida permitem que seus funcionários assumam o próprio desenvolvimento, fornecendo feedback positivo e capacitador, e incentivando o autodesenvolvimento dos profissionais. Assim como constatamos no exemplo de Jack Cecil e sua equipe de recrutamento no Capítulo 1, os líderes de torcida estão mais concentrados em capacitar seus funcionários a encontrarem o que funciona do que orientá-los ativamente. À medida que exploramos a abordagem dos líderes de torcida, ficamos mais intrigados com o que esses gerentes *não fazem* do que com o que *fazem.*

Ao analisarmos esse tipo de gerente, descobrimos que eles adotam uma postura geralmente *laissez-faire* sobre aprendizado e trabalho. Em vez de orientar os funcionários, eles se concentram em dar às equipes a confiança e a liberdade necessárias para concluírem e aprenderem com o trabalho. No atual contexto de negócios em rápida mudança, incentivar os colaboradores a viverem e aprenderem com as experiências é certamente uma ótima tática. A abordagem de treinamento menos invasiva dos líderes de torcida pode parecer um contraste favorável em relação à tendência disponível, muito mais ativa, mas esses gerentes devem ter cuidado para não exagerar nessa filosofia.

À medida que os líderes de torcida exitam em fornecer feedback corretivo e falar sobre as áreas de desenvolvimento, eles evitam conversas difíceis de treinamento. Mais interessante, também percebemos que esse tipo de gerente nem sempre prioriza falar sobre pontos fortes e objetivos de desenvolvimento pessoal em suas conversas de treinamento com a equipe. Essa revelação sugere que eles são, no geral, *treinadores mais passivos.* Talvez a abordagem passiva dos líderes de torcida decorra de seu próprio histórico de receber treinamento e desenvolvimento avulsos. De fato, é menos provável que tenham recebido orientação de seus próprios gerentes. Além disso, eles despendem menos tempo aprendendo em ambientes formais e informais em comparação a outros gerentes — mais de

20% menos.[40] Ao aplicar treinamento sobre o que sabem, os líderes de torcida perpetuam essa abordagem prática.

Eles também são mais propensos a *liderar pela intuição*. Descobrimos que esses gerentes tendem a dedicar menos tempo e energia revisando informações, testando hipóteses ou fazendo perguntas quando o assunto é tomada de decisão e treinamento.[41] Eles confiam em sua intuição e acreditam que as coisas se resolverão naturalmente. Ao criar suas redes dentro e fora do trabalho, os líderes de torcida adotam uma abordagem com baixo nível de interação, despendendo menos tempo do que outros gerentes para ajudar os colegas de sua própria equipe ou de outras equipes.[42]

Para um gerente líder de torcida, se tornar um conector exige o afastamento de alguns, mas não de todos, os instintos mais passivos. O primeiro passo para se tornar um conector é *incluir mais aprendizado em sua rotina*. Considere como você pode se beneficiar ao procurar orientação e feedback de outras pessoas, participar de ofertas formais de treinamento ou ler mais sobre sua área de especialização. É provável que a participação não apenas melhore o seu próprio desempenho em sua função, mas também proporcione a linguagem para falar sobre oportunidades de desenvolvimento e aprendizado com seus funcionários.

Com essa mesma perspectiva acerca do aprendizado em sua abordagem de treinamento, você deve se *concentrar em fornecer mais feedback de treinamento direcionado*. Embora a abordagem capacitadora do líder de torcida o ajude a ter sucesso nas conexões de equipe e de organização, você não pode se tornar um conector sem fazer essa primeira importante conexão de funcionários. Estabelecer a conexão de funcionários como líder de torcida implicará não apenas conhecer seus subordinados diretos em um nível mais profundo, mas também entrar em contato com suas próprias virtudes de treinamento e áreas de desenvolvimento. Pense no que você pode ensinar à sua equipe e no que seus funcionários podem lhe ensinar. Esse exercício o ajudará com um importante ensinamento final — *como se tornar alguém focado em networking*. Embora se tornar um conector não exija um network maior, requer uma noção de como e onde encontrar boas conexões de treinamento por toda a empresa. Como os líderes de torcida estão menos envolvidos no treinamento e no desenvolvimento de funcionários e colegas de trabalho em outras partes do negócio, o mapeamento da conexão de organização pode ser desafiador. Concentre sua energia nesse aspecto quando aprofundarmos os detalhes desse tipo de conexão no Capítulo 6.

ELABORANDO SUA HISTÓRIA DE CONECTOR

Idealmente, você está começando a juntar as peças e desenvolver uma imagem clara de como é ser um gerente conector como um todo. Embora poucos se encontrem em situações de vida ou morte, como o resgate na caverna tailandesa, para ter sucesso hoje, a maioria dos gerentes deve usar táticas como as ilustradas pelo governador Osottanakorn. Criar uma dinâmica de equipe saudável, colaborar para compartilhar habilidades e cultivar o apoio da comunidade em geral, a fim de alcançar resultados fazem parte do trabalho.

Ao examinar melhor o modelo do conector, você verá que ele realmente se encaixa no mercado de trabalho atual. Com uma força de trabalho mais global e altamente conectada por meio de tecnologias, os gerentes conectores podem aproveitar efetivamente o poder da rede coletiva de funcionários para oferecer treinamento. Como parte disso, quase 60% dos colaboradores relatam que já desenvolvem novas habilidades com a ajuda de seus colegas — e o método do gerente conector se beneficia exponencialmente dessas conexões entre colegas.[43] E, é claro, um maior alcance de controle por gerente fornece aos conectores uma ampla e diversificada gama de conhecimentos sobre as equipes que podem alavancar o compartilhamento de habilidades.

À medida que avançarmos nos próximos capítulos, veremos os principais componentes de como os conectores fazem as três conexões funcionarem e como eles se apoiam. Mas, antes de prosseguir, vamos dedicar um momento para considerar *por que ainda nem todos os gerentes são conectores.* Ao longo da primeira parte deste livro, ao ler sobre os desafios e as atribuições fundamentais de um gerente atualmente e ao conhecer os quatro tipos de gerente — professor, disponível, líder de torcida e conector —, você provavelmente começou a se perguntar sobre a sua própria abordagem de treinamento e desenvolvimento. E, ao responder o quiz "Que Tipo de Gerente É Você?", conseguiu compreender melhor sua abordagem. Não fique desanimado — ou até mesmo desmotivado — com a sua descoberta, afinal, um quarto de nossos leitores descobrirão que são conectores (isto é, se realmente forem honestos consigo mesmos) e três quartos constarão que não são. Porém, todos terão trabalho a fazer durante a leitura do restante deste livro. As recomendações que fizemos na seção anterior e as que continuaremos a fazer nos próximos capítulos têm como objetivo guiá-lo e capacitá-lo, não intimidá-lo. Não há realmente nenhum gerente no planeta que não possa melhorar sua abordagem de treinamento e desenvolvimento. Então, vamos à parte divertida.

SUMÁRIO EXECUTIVO

- Os conectores ajudam os colaboradores a melhorarem seu desempenho, auxiliando não apenas suas funções atuais, mas também o *futuro* de suas carreiras, ao mesmo tempo que reforçam seu engajamento e sua permanência.

- Para melhorar o desempenho dos funcionários, os conectores fazem três conexões específicas:

    A conexão de funcionários — Eles se conectam com seus funcionários, diagnosticando suas necessidades de desenvolvimento individuais e adaptando sua abordagem de treinamento e feedback.

    A conexão de equipe — Eles conectam os funcionários a seus colegas para que haja desenvolvimento, criando um ambiente de equipe capaz de reconhecer e incentivar o treinamento colaborativo.

    A conexão de organização — Eles ajudam os funcionários a aprenderem e se conectarem com as pessoas e oportunidades certas, dentro e fora da organização, para treinamento e desenvolvimento.

- Os gerentes conectores compartilham cinco qualidades de liderança que têm maior impacto em sua capacidade de fazer suas conexões. Elas consistem em *ter curiosidade sobre pessoas e ideias, coragem em situações desafiadoras, transparência e autoconsciência, abertura quanto ao aprendizado e generosidade com os outros.*

CAPÍTULO 4

A Conexão de Funcionários: Conheça (Realmente) Seus Funcionários

O importante é não parar de questionar.[1]
— *Albert Einstein, físico teórico*

Quando Alison Kaplow, diretora-geral da Accenture, empresa global de serviços profissionais, foi convidada para gerenciar o treinamento de integração e carreira para centenas de pessoas de 20 e poucos anos em seu primeiro emprego como analistas, no escritório da empresa em Manhattan, ela sabia que esta seria uma das atribuições mais desafiadoras de sua carreira — além do gerenciamento de seus clientes de consultoria. Kaplow sabia como era ser um jovem analista em uma empresa líder, pois ela começou da mesma forma 17 anos antes, e compreendia que esses indivíduos eram esforçados, com personalidade tipo A e expectativas elevadas. Nossa própria pesquisa na Gartner constata que os *millennials* esperam melhores remunerações, promoções mais rápidas e treinamento mais frequente do que outras gerações no mercado de trabalho.[2] Kaplow relatou: "Algumas pessoas reclamavam que não eram 'analistas digitais', quando nem ao menos faziam ideia do que era esse cargo." Ela precisou encontrar uma maneira de estabelecer conexão pessoal com esses novos funcionários, garantir que recebessem o treinamento necessário para adaptação à força de trabalho e mantê-los engajados e entusiasmados em seu primeiro emprego na Accenture.

Como uma autointitulada "gerente disponível em recuperação", Kaplow frequentemente se sentia inclinada a fornecer feedback sobre cada projeto, interação e atividade. Porém, ela sabia que nunca conseguiria sustentar esse nível de supervisão com cada um dos 100 analistas individualmente. Em vez disso, logo nos primeiros dias como gerente, ela teve uma revelação que a ajudou a superar suas tendências disponíveis e a realizar a conexão de funcionários com seus subordinados diretos. Em suas próprias palavras, ela percebeu que: "Se você deseja que as pessoas sejam bem-sucedidas, precisa ajudá-las a terem sucesso na sua função em geral, não apenas em uma tarefa específica." Kaplow sabia que seria preciso realizar o trabalho inicial para entender as necessidades desses analistas e, então, encontrar formas de capacitá-los na proatividade em relação ao seu desenvolvimento, em vez de fornecer pessoalmente treinamento e feedback contínuos. Tudo isso a ajudou a progredir no processo para se tornar uma gerente conectora.

Kaplow é uma líder particularmente autoconsciente, com uma experiência singular que acelerou sua adoção das práticas de gerentes conectores. Como veremos neste capítulo, ela aprendeu a fazer as perguntas certas e adaptar sua abordagem às necessidades dos colaboradores, visando criar conexões de funcionários escaláveis e duradouras com seu amplo grupo de analistas.

OS TRÊS MANDAMENTOS DA CONEXÃO DE FUNCIONÁRIOS

A conexão de funcionários se refere às interações individuais entre os gerentes conectores e seus subordinados diretos — é fundamentalmente o ponto crucial da concepção do trabalho de um gerente, sendo também a base das outras duas conexões. Em nossa pesquisa acerca das realizações dos melhores gerentes, descobrimos que os conectores estabelecem uma conexão distintamente pessoal com seus subordinados diretos. Cada funcionário é único, portanto, os conectores dividem seu tempo útil fornecendo feedback e treinamento personalizado para cada indivíduo. Após diagnosticar as necessidades de seus funcionários, os conectores personalizam sua abordagem de desenvolvimento, fornecendo feedback e treinamento direcionados, conectando seus funcionários a outras pessoas mais preparadas para o desenvolvimento necessário ou capacitando os colaboradores para continuarem aprimorando seus pontos fortes.

Figura 7: A conexão de funcionários

Em vez de dedicar tempo excessivo (que a maioria de nós não possui) ao feedback contínuo a todos os colaboradores, constatamos que os gerentes conectores seguem três regras básicas para estabelecer uma conexão de funcionários mais sólida.

1. **Alto investimento em diagnóstico:** os gerentes conectores criam confiança, fazem perguntas específicas de acordo com o contexto e ouvem seus subordinados imediatos para entender melhor suas necessidades, seus interesses e suas aspirações.

2. **Treinamento para a pessoa, e não para o problema:** os conectores adaptam sua abordagem de treinamento com base nas necessidades e na receptividade de desenvolvimento do funcionário.

3. **Ser positivo, mas estar preparado para ser incisivo:** os conectores priorizam o feedback baseado em pontos fortes, mas também sentem-se confortáveis para ser críticos quando necessário.

Ao analisarmos a amostragem de conectores em nossa pesquisa, descobrimos que essas três regras não são apenas boas práticas de treinamento, mas também ajudam os gerentes e funcionários a otimizar melhor seu tempo e aumentar seu desempenho.

1. ALTO INVESTIMENTO EM DIAGNÓSTICO

No outono de 1991, o Lincoln Memorial foi coberto por andaimes.[3] O monumento, normalmente um símbolo da independência e do orgulho norte-americanos, naquele ano, parecia mais com um adolescente de ensino médio usando aparelho. O Serviço Nacional de

Parques instalou os andaimes como parte de um esforço para, após anos de desgaste, restaurar o icônico monumento.[4] Devido ao seu elevado custo de limpeza, o Serviço de Parques precisava descobrir *por que* o monumento estava em erosão, com o objetivo de amenizar o desgaste contínuo no futuro.

Para entender o que estava degradando o memorial, o Serviço de Parques contratou uma equipe de arquitetos e especialistas para chegar a uma conclusão.[5] Uma explicação fácil para a erosão poderia ser os gases emitidos pelo escapamento dos aviões que sobrevoam o monumento. Outra explicação poderia ser a sua idade — quase 100 anos. O verdadeiro motivo é um pouco menos óbvio: a limpeza do memorial é feita com produtos químicos que eliminam os excrementos de pássaros na fachada.[6] Por que não usar apenas água e sabão? Qualquer um dos funcionários responsáveis pela limpeza do monumento dirá que água e sabão não são eficazes na remoção. Continue perguntando *por que* e você acabará resolvendo o problema. Por que tanto excremento de pássaro? A questão é que aranhas escalam as paredes do monumento todas as noites. Aves locais, como pombas, gostam de comer aranhas, então, naturalmente, são atraídas para a fachada do edifício.[7] Por que tantas aranhas? Elas são atraídas pelo enxame de mosquitos que sobrevoam durante a noite. O que atrai os mosquitos? Além do fato de que a região de Washington já foi um pântano, o Serviço de Parques acendia holofotes todos os dias ao anoitecer para iluminar o monumento — e todos sabemos que mosquitos e outros insetos são atraídos por luz.[8] Os holofotes eram os verdadeiros culpados, simples assim! O mero ato de acender as luzes ao redor do monumento *depois do* anoitecer, e não *antes*, diminuiria bastante a erosão.[9]

Essa história ilustra algo que todos entendemos profundamente, mas geralmente não admitimos para nós mesmos: nossas reações e estimativas iniciais tendem a nos desviar, fazendo com que sigamos na direção errada. As respostas fáceis ou aparentemente óbvias raramente estão corretas. Os gerentes são particularmente propensos a cair na armadilha de fazer estimativas e suposições acerca de seus subordinados imediatos. Em muitos casos, eles já estiveram na mesma situação que seus funcionários e desempenharam o mesmo trabalho, de modo que suas suposições são realmente palpites baseados em suas experiências. Se os funcionários estiverem com dificuldade para aprender conceitos ou demonstrar conhecimento, os gerentes pressupõem saber o motivo. Tanto os gerentes novos quanto os mais experientes caem na armadilha de pensar que devem ter (e compartilhar) todas as respostas. O exemplo do Lincoln Memorial nos ensina a importância do alto investimento em diagnóstico: fazer perguntas que vão além do óbvio, testar suas suposições acerca dos funcionários e usar fatos para realizar treinamento e personalizar o desenvolvimento.

Como um gerente conector, fazer as perguntas certas o ajudarão a entender a raiz dos problemas que você enfrenta todos os dias com os funcionários. (A Análise da Raiz do Problema, disponível na página 222, o guiará pelas cinco principais categorias de origem dos problemas de funcionários. Pense nessa ferramenta como uma garantia de imparcialidade no treinamento e no desenvolvimento de seus colaboradores, para que você possa personalizar a abordagem de acordo com as necessidades deles.)

Agora, precisamos recuar um pouco. Antes de personalizar sua abordagem de treinamento, o primeiro passo necessário é se concentrar em construir a confiança e conhecer seus funcionários.

Primeiro Passo: Ganhar a Confiança

Certamente, há casos em que é fácil diagnosticar os desafios de desempenho e desenvolvimento enfrentados diariamente pelos funcionários. Na melhor das hipóteses, você pode perguntar ao profissional: "Por que a entrega de seus projetos continua atrasando?" e obter como resposta: "Porque sou ruim com prazos, sempre fui." E ele pode estar certo. Nesse caso, você pode conectá-lo à mentoria e ao treinamento mais adequados para o desenvolvimento de suas habilidades de gerenciamento de projetos e, assim, começar com êxito. No entanto, na maioria das vezes, é preciso mais do que isso. Os funcionários raramente demonstram ou negligenciam suas dificuldades de desempenho. Geralmente, eles enfrentam questões mais profundas e desafios implícitos que não podem ou não querem revelar por uma série de motivos. Pode ser que não se sintam confortáveis o suficiente para lhe dizer o que há de errado, ou talvez você não os conheça o suficiente para fazer as perguntas certas. Para obter um nível de acesso profundo, será preciso uma conexão de funcionários, construída com base na confiança e na reciprocidade, que possibilite o diagnóstico adequado de suas necessidades.

Tonika Cheek Clayton, sócia-gerente do NewSchools Venture Fund, experimentou em primeira mão o poder da conexão de funcionários. Como parte de seu trabalho, Cheek Clayton e sua equipe treinam e aconselham empreendedores que desenvolvem ferramentas tecnológicas para suporte do aprendizado dos estudantes da rede pública de ensino desde a pré-escola. Em cada caso, ela e sua equipe avaliam o que o empreendedor necessita para ampliar o impacto do produto. Ela constrói relacionamentos, ajudando-os a entender que seu objetivo é apoiá-los e fornecer os recursos e o financiamento de que precisam.

É interessante notar que Cheek Clayton adota a mesma abordagem de apoio com sua equipe. Como nos revelou: "Começo estabelecendo um relacionamento individual confiável, porque esta é a base para todo o resto. Tento entender de forma geral as metas profissionais [dos meus funcionários] e me conectar a eles de forma pessoal. Pergunto sobre seu fim de semana — coisas que sei que são importantes para eles — para verificar como reagem." Ela enfatiza que seu papel principal como gerente é fornecer *apoio*. "Em todas as conversas, pergunto: 'Como posso apoiá-lo?' Quero que eles saibam que, se forem bem-sucedidos, eu também serei e, assim, todos teremos êxito como empresa." Como seus subordinados imediatos se sentiriam se você constantemente lhes perguntasse: *Como posso ajudá-lo?* Claramente, isso desenvolve a confiança e faz com que os funcionários se sintam mais à vontade em compartilhar seus desafios e suas necessidades de desenvolvimento.

Essa base de confiança foi útil quando um novo funcionário se juntou à equipe de Cheek Clayton. Imediatamente, ela percebeu que o membro da equipe estava com dificuldade de se posicionar e participar das reuniões. Segundo Cheek Clayton, essa pessoa tinha uma perspectiva ponderada, mas não parecia muito confiante. Então, ela passou a elogiar as ideias desse funcionário e continuou a incentivá-lo a compartilhá-las com o resto da equipe. Infelizmente, nada mudou.

Cheek Clayton sabia que precisava ganhar a confiança dessa pessoa para descobrir o que realmente estava acontecendo. Depois de muitas conversas, ela conseguiu descobrir que o colaborador tinha medo de falar em público. Depois que ele abriu o jogo, juntos, conseguiram formularam um plano de desenvolvimento que incluía treinamento com especialistas em oratória e oportunidades de praticar essas habilidades em situações de baixo risco. Eles até estabeleceram uma meta: o colaborador faria uma apresentação ao conselho administrativo (ou como Cheek Clayton o chamava: "os fundadores do capital de risco — um grupo bastante intimidador!"). Ao demonstrar que acreditava que esse funcionário poderia seguir o plano de desenvolvimento e, por fim, fazer uma apresentação em uma reunião tão importante, ela conferiu a ele a confiança necessária. No fim do ano, o funcionário acabou se destacando na apresentação ao conselho.

Cheek Clayton constrói confiança ao perguntar frequentemente como pode dar suporte a seus funcionários e, em seguida, aplicar treinamento com base no que ouve. A confiança que ela estabelece gera uma base para a conexão de funcionários, o que lhe permite conhecê-los o suficiente para avaliar suas dificuldades de desenvolvimento. Existem algumas lições importantes nesse exemplo. Primeiro, é preciso criar confiança para fazer um diagnóstico abrangente das necessidades. Segundo, um relacionamento baseado em confiança torna o diagnóstico final mais rápido e fácil. Por fim, quando seus funcionários confiarem em você para dar suporte a seu desenvolvimento pessoal e profissional, eles se abrirão mais em relação às suas necessidades e dificuldades.

Há décadas, Paul Zak, professor e diretor-fundador do Center for Neuroeconomics Studies, pesquisa a ciência da confiança dentro do local de trabalho. Suas principais conclusões reforçam ainda mais a abordagem dos conectores utilizada por Cheek Clayton. De acordo com Zak: "Os funcionários de empresas que valorizam as relações de confiança são mais produtivos, têm mais energia no trabalho, colaboram melhor com seus colegas e permanecem em seus empregos por mais tempo do que aqueles que trabalham em empresas que não priorizam essa virtude. Eles também sofrem menos de estresse crônico e são mais felizes em suas vidas, e esses fatores estimulam um melhor desempenho."[10] Zak defende que os gerentes façam perguntas aos seus funcionários como: "Estou ajudando você a garantir seu próximo emprego?" — uma forma de demonstrar que seu suporte vai além da função que desempenham atualmente.[11]

Para desenvolver a confiança, os conectores fazem perguntas que incentivam os funcionários a se abrirem sobre suas necessidades, interesses e aspirações. Eles também expressam consistentemente seu apoio aos colaboradores em suas funções específicas ou adicionais. No entanto, fazer perguntas e expressar apoio não é suficiente. Os conectores também vão além. Eles demonstram que confiam nos funcionários por meio de suas ações, pedindo-lhes que façam uma apresentação ao conselho administrativo, como Cheek Clayton; ajudando-os a conseguir seu próximo emprego; ou fornecendo uma base maior para que liderem seu próprio time. Embora gerar confiança seja, sem dúvida, uma ideia simples, é um primeiro passo fundamental para a criação da conexão de funcionários.

Faça Perguntas Específicas Baseadas no Contexto

Nossa pesquisa revelou que os gerentes perderam de vista o objetivo de seu treinamento. De fato, muitos gerentes que estabelecem diálogos regulares sobre desenvolvimento com a equipe estão mais concentrados em *instruí-la* sobre o que fazer do que em propor *perguntas* específicas baseadas no contexto que melhorariam os resultados. Fazer perguntas durante o treinamento pode liberar o potencial de uma pessoa e identificar os problemas que estão impedindo seu sucesso.

Quando Alison Kaplow precisou motivar seu amplo grupo de novos funcionários, ela fez perguntas para descobrir o que os motivava e quais eram seus interesses. Sabendo que não poderia passar um tempo infinito com todos os analistas individualmente, além de ter uma política de portas abertas virtual, ela organizou um dia de encontro presencial no escritório todo mês. Com o tempo, aprendeu quais perguntas tinham maior probabilidade de revelar as melhores informações e quais não surtiam efeito. Perguntas excessivamente genéricas, por exemplo, "Como você está?", costumavam resultar em um desabafo de 30 minutos sobre assuntos irrelevantes. Kaplow percebeu que precisava direcionar sua investigação para obter as informações necessárias. De fato, ela descobriu que as seguintes perguntas costumavam gerar as conversas mais produtivas:

- O que você considera mais empolgante e inspirador em sua função? *(Identifica o que motiva o funcionário em seu trabalho diário.)*

- Que(ais) mudança(s) o deixaria(m) mais feliz em sua função? *(Ajuda a pessoa a pensar em soluções para seus problemas.)*

- O que o motiva em sua vida pessoal? *(Identifica paixões e interesses fora do trabalho.)*

- O que você gostaria de obter desse nosso diálogo? *(Ajuda o funcionário a focar um resultado desejado para a conversa.)*

No Capítulo 3, aprendemos que os conectores são naturalmente curiosos; portanto, eles têm maior facilidade de questionamento do que os outros. No entanto, ser curioso não é suficiente. Os conectores fazem perguntas cuidadosas *e baseadas no contexto*, que focam a construção de um entendimento mais aprofundado de seus funcionários e dos desafios específicos que estão enfrentando. O resultado é uma conexão mais forte entre gerentes e colaboradores.

Mas quais são os melhores questionamentos? As perguntas têm que ser intencionalmente desenvolvidas para trazer à tona suposições, estimular a criatividade e expandir possibilidades. Em termos práticos, as perguntas que recebem "sim" ou "não" como resposta, ou começam com "qual", "quem", "quando" ou "onde" são as menos poderosas. Obviamente, por vezes, essas perguntas mais diretas podem ser necessárias, mas não possibilitam uma compreensão mais profunda das pessoas, que possa ajudar a orientar seu desenvolvimento. Os conectores tendem a enfatizar perguntas abertas que começam com "o *que*", "*como*", "*por que*" e "*e se*". (A Figura 8 descreve as Perguntas de Conectores Mais Poderosas, que você pode usar para auxiliar no desenvolvimento da conexão de funcionários.)

Construindo a Confiança

- Como posso apoiá-lo?
- Que outro tipo de suporte você precisa e de quem?
- Como posso ajudá-lo a conquistar sua próxima função, trabalho, projeto?
- O que o motiva e empolga dentro e fora do trabalho?

Compreendendo o Contexto do Funcionário

- E se eu *realmente* soubesse que você... *[o funcionário completa]*?
- O que está restringindo-o?
- O que está ajudando você a progredir?
- Que tipo de percepção você tem sobre [*situação, problema X*], e como você acha que ela se distingue da percepção dos outros?

Desenvolvendo Soluções

- O que NÓS poderíamos ter feito de diferente?
- O que você acha que seria necessário para melhorar a situação?
- Por que você concluiu que essa seria a melhor abordagem?
- Que outras soluções devemos considerar?

Entendendo a Disposição de um Funcionário (Pergunte a Si Mesmo)
• Até que ponto o funcionário domina sua função?   • Com que rapidez o funcionário consegue compreender e colocar em prática novos conceitos ou habilidades?   • Considerando fatores da vida, tanto dentro quanto fora do trabalho, em que nível se encontram a disponibilidade e a vontade do funcionário para absorver ainda mais?

Figura 8: As perguntas de conectores mais poderosas

Pratique a Escuta Ativa

Fazer as perguntas de diagnóstico corretas não é possível sem que se tenha uma aptidão para ouvir ativamente. A escuta ativa não implica apenas ouvir o que as pessoas estão dizendo, mas também se concentrar completamente em entender, responder e lembrar o que está sendo dito.[12] Além disso, sem ouvir atentamente, você não será capaz de adaptar as perguntas para identificar as necessidades dos funcionários — e não chegará nem perto de descobrir as soluções corretas. No entanto, com centenas de e-mails chegando, a preocupação com a próxima reunião e prazos iminentes, é provável que seja um desafio conseguir tempo para conversas individuais (esta é a realidade de gerentes e funcionários). De fato, é provável que a maioria dos gerentes admita a culpa de se distrair em certas ocasiões, principalmente após ter a mesma conversa de treinamento e desenvolvimento várias vezes com funcionários diferentes.

Considere o seguinte cenário: você está no elevador com alguém que já encontrou uma ou duas vezes, mas não consegue se lembrar do nome. Todos já vivemos aquele momento de vergonha quando vemos um rosto familiar e o nome está "na ponta da língua", mas não conseguimos nos lembrar. Esse fenômeno de esquecer nomes é tão profundo que os psicólogos propõem várias explicações. Uma delas é que estamos tão distraídos com o que vamos dizer (nossa própria introdução) que não ouvimos o outro. Eles também evidenciam que nomes são palavras de "baixa frequência" — se aplicam apenas a algumas pessoas que conhecemos e podem não surgir muito durante as conversas. Além disso, nomes não possuem sinônimos. Outra explicação é que temos essa dificuldade por causa de nosso apego psicológico ao contexto. Quando encontramos alguém em um ambiente diferente, é mais difícil lembrar seu nome.

Porém, essas armadilhas auditivas vão muito além de lembrar nomes. Participar de uma conversa "desatenta" pode ocorrer em várias circunstâncias cotidianas, desde seu cônjuge relatando os pormenores de uma longa reunião com clientes até perguntar a seus filhos o que eles fizeram na escola. Essa situação pode acontecer no trabalho com a mesma facilidade. A conclusão é que os gerentes têm dificuldade de ouvir ativamente durante toda uma interação individual com seus funcionários. Porém, tornar seus ouvidos mais ativos, e não passivos, para seus subordinados diretos proporciona benefícios que vão muito além de apenas auxiliar o diagnóstico e a melhor compreensão das necessidades de treinamento e desenvolvimento. Na verdade, quando seus funcionários se sentem ouvidos, ocorre um ciclo de feedback psicológico. Pesquisas indicam que é mais provável que as pessoas se abram sobre suas necessidades, desejos e vulnerabilidades quando sentem que estão sendo ouvidas.[13]

A escuta ativa também beneficia você como gerente. Um estudo do *Personality and Social Psychology Bulletin* constatou que a escuta de alta qualidade (ou seja, atenciosa, empática, sem julgamentos) pode moldar positivamente as emoções e atitudes do interlocutor. Você ouve sem aplicar um filtro com base em sua própria experiência, seu julgamento, seus valores e suas necessidades. Em um experimento, pesquisadores designaram 112 graduandos para atuarem tanto como falantes quanto como ouvintes. Os pesquisadores enviaram mensagens de texto à metade dos ouvintes para distraí-los enquanto seu parceiro falava. Depois, perguntaram aos falantes como se sentiram a respeito dessas interações. Aqueles que se comunicaram com bons ouvintes sentiram-se menos ansiosos, mais conscientes, sintonizados e conectados com seu público.[14]

Fazer perguntas específicas baseadas no contexto e praticar a escuta ativa estão intrinsecamente relacionados. Não é de se admirar que os gerentes conectores sigam esse ritmo, por assim dizer, ouvindo as respostas que recebem e agindo de acordo com elas. Como parte da conexão de funcionários, eles incorporam a contribuição dos colaboradores em suas decisões, auxiliam o alcance dos objetivos de desenvolvimento pessoal e chegam à raiz dos problemas para proporcionar uma experiência de desenvolvimento mais personalizada.

Tornando-se um Ouvinte Ativo

Como melhorar suas habilidades de escuta? As técnicas a seguir se baseiam diretamente nos gerentes conectores:

- **Apenas ouça.** Concentre-se somente no que seu funcionário está dizendo e não o interrompa. Tente não quebrar o silêncio antecipadamente — permita que a pessoa pense. Como explicou um gerente conector: *"Acho que um dos motivos pelos quais algumas pessoas têm dificuldade com a escuta ativa consiste no fato de que muito do que fazemos é 'observar' e 'ouvir' simultaneamente. Quanto mais pudermos 'ouvir' sem distrações, melhores serão as respostas."*

- **Reitere o que você ouviu.** Reafirmar os pontos principais apontados pelo seu funcionário pode ser um bom mecanismo de força para ajudar na escuta ativa e garantir entendimento mútuo. *"Reitero o que escuto para que o funcionário possa confirmar sua intenção. Com isso, você identifica novos detalhes e evita mal-entendidos."*

- **Ouça o que** *não* **é dito.** Focar o que os funcionários *não* verbalizam muitas vezes pode acarretar um entendimento similar ou mais profundo do que aquilo que *é* dito. *"Às vezes, é preciso ler nas entrelinhas para entender o que alguém está sentindo ou pensando. Nem todos explicarão com detalhes, e às vezes aprende-se mais ao perceber o que as pessoas não dizem, fazem ou pedem."*

- **Concentre-se nos pequenos detalhes.** Ouça histórias pessoais sobre as pessoas e as experiências mais significativas para seus funcionários. *"Os pequenos detalhes são importantes para a criação de uma conexão. Fiz questão de aprender os nomes dos filhos e do cônjuge de meus colaboradores. Transformar o bate-papo genérico em uma conversa mais pessoal é extremamente útil."*

- **Demonstre solidariedade.** Mostrar empatia (ou seja, entender e se identificar com o que as pessoas dizem) faz com que sua equipe se sinta à vontade para se abrir e compartilhar preocupações e necessidades de desenvolvimento. *"Por experiência própria, sei que compartilhar experiências negativas cria os laços mais fortes. Descubra o que incomoda seus funcionários e expresse solidariedade (mantendo o profissionalismo, é claro)."*

- **Ouça com todo seu corpo.** Realmente ouça e absorva o que está ouvindo. Elimine as distrações (afaste-se do computador e do celular) e concentre todo seu corpo na escuta. *"Aplico o conceito da escuta de 'corpo inteiro' que ensinam aos meus filhos na escola. Essa filosofia sugere que você não ouça apenas com os ouvidos. Seus olhos encaram quem está falando, você se mantém em silêncio, seu corpo se direciona ao interlocutor, seu cérebro se concentra no que a pessoa está dizendo e seu coração se importa com o que está sendo dito."*

2. TREINAMENTO PARA A PESSOA E NÃO PARA O PROBLEMA

Às vezes, os pais presumem que as técnicas usadas com seu primeiro filho também funcionarão com os próximos: "Quando ele chorava dessa forma, era porque seus dentes estavam nascendo. Então vamos dar um mordedor para ela." "Ele adorava cereal de arroz quando era pequeno. Vamos comprar 4kg de cereal de arroz antes mesmo de ela começar a comer sólidos." "Quando ele era pequeno e se comportava mal, gritávamos 'Não!' e ele parava. Por que ela não obedece?" No entanto, com o tempo, as atribulações e os desafios renovados dos pais de segunda viagem levam a maioria deles à mesma conclusão: cada criança é diferente. Embora a paternidade não seja semelhante à administração, as duas funções apresentam um desafio comum: as abordagens que funcionam com uma pessoa não se aplicam automaticamente a outras.

O Conector Pode Se Ajustar

Ao serem apresentados ao modelo de gerente conector, muitos de nossos clientes perguntam: "Por que existe apenas uma abordagem ideal? Os melhores líderes não devem adequar seu comportamento com base nas necessidades de seus funcionários?" Nossa resposta a essa pergunta é basicamente: "Sim, mas…" Embora a abordagem dos conectores seja a mais eficaz para causar um enorme impacto nos colaboradores em todos os resultados significativos, adaptar sua abordagem é um fator essencial para o desenvolvimento da conexão de funcionários — essencialmente se ajustar para atender às necessidades de seus subordinados diretos. Embora todos se encaixem em um dos quatro perfis dominantes de gerenciamento, quando entendem as necessidades de seus funcionários, os conectores se baseiam em aspectos comuns aos outros tipos.

Por exemplo, quando um gerente conector identifica as necessidades de seu funcionário, ele pode perceber que esse profissional está com um desempenho baixo em uma atividade específica. Ele também pode acreditar que é particularmente melhor em fornecer feedback, baseando-se em suas interações com o colaborador e na proximidade com o trabalho. Como consequência, o gerente proporciona um feedback frequente sobre essa atividade, o que à primeira vista lembra a abordagem disponível. Por outro lado, um gerente conector pode descobrir que seu subordinado direto apresenta um elevado desempenho e deseja liderar a equipe. Nesse caso, ele pode adotar uma abordagem prática para capacitá-lo — aspecto que se assemelha à abordagem do líder de torcida.

Antes de fornecer feedback e treinamento aos seus subordinados diretos, há duas perguntas centrais que um gerente conector deve fazer. Primeira: *Essa pessoa precisa de feedback ou treinamento?* Segunda:

Eu sou a pessoa mais adequada para fornecer esse feedback ou treinamento? O fato de gerentes conectores fazerem essas duas perguntas e agirem de acordo com elas os diferencia dos gerentes disponíveis e os ajuda a construir a conexão de funcionários. O gerente disponível fornece feedback, necessário ou não; o conector proporciona feedback ou treinamento quando há algo específico a ser reforçado ou desenvolvido. O gerente disponível acredita ser a pessoa mais adequada para fornecer treinamento; o conector faz uma pausa para diagnosticar a situação e identificar o treinamento mais adequado para a necessidade apresentada.

Quando os conectores decidem que são, de fato, a melhor fonte de treinamento, eles personalizam sua abordagem de acordo com cada indivíduo. Mas fazer boas escolhas quando o assunto é treinamento não se trata apenas de ajudar funcionários a atingirem metas estabelecidas (ou óbvias) que envolvem áreas de desenvolvimento claras. Os conectores também prestam muita atenção a quanto seus funcionários podem assumir em determinado momento e, de acordo com isso, definem o desenvolvimento.

Ajuste-se à Disposição para Se Desenvolver

Em 2015, o eBay elegeu um novo CEO. A empresa crescia e se transformava rapidamente e, para atingir seus objetivos, precisava que seus líderes mudassem sua abordagem para que se tornassem melhores mentores e pudessem criar oportunidades nas quais mais pessoas obtivessem sucesso. Como a empresa costumava contratar funcionários ambiciosos e acostumados a avançar rapidamente em direção a novas possibilidades, ela também precisava de uma nova forma de avaliar e distribuir as oportunidades de desenvolvimento entre seus colaboradores com alto desempenho e mais dedicados à carreira.

Além disso, o eBay reconhecia a importância de fornecer ferramentas para que os gerentes pudessem personalizar suas interações de treinamento. Nesse âmbito, a empresa criou uma estrutura exclusiva para ajudá-los a determinar a disposição de seus funcionários em assumir trabalho adicional e avaliar seu potencial de crescimento nas funções atuais. A ideia de disposição para se desenvolver diz respeito às necessidades de desenvolvimento dos funcionários e à sua capacidade de aprender ativamente. Esse conceito não apenas ajuda os gerentes a entender quais habilidades e conhecimentos os funcionários precisam para realizar suas funções e desenvolver suas carreiras, mas também a captar e acompanhar a capacidade individual de assumir tarefas e projetos mais desafiadores ou de ser treinado com maior intensidade. De acordo com o eBay, a disposição para se desenvolver é fundamentada em três aspectos:

1. **Domínio:** até que ponto o funcionário domina sua função?

2. **Agilidade de aprendizado:** com que rapidez o funcionário consegue compreender e colocar em prática novos conceitos ou habilidades?

3. **Força de vontade:** considerando fatores da vida, tanto dentro como fora do trabalho, em que nível se encontra a disponibilidade e a vontade do funcionário para absorver ainda mais?

Com base em quais dessas três dimensões cada funcionário se enquadra em uma escala variável, os colaboradores são categorizados em: disposição estável (ainda há margem para crescer na função atual); disposição acelerada (o funcionário se beneficiaria de tarefas mais desafiantes); ou disposição ideal (prontidão para aceitar novas funções ou responsabilidades). Os líderes utilizam essas categorias para personalizar seu investimento nas oportunidades de desenvolvimento de acordo com as necessidades específicas de um funcionário.

Figura 9: Estrutura de disposição para se desenvolver do eBay

Ao perceber que os interesses, as aspirações e as necessidades de desenvolvimento das pessoas mudam com o tempo, o eBay incentivou seus gerentes a estabelecerem conversas contínuas com seus funcionários e a reavaliarem seu status. No entanto, em vez de pedir aos gerentes que tivessem conversas demasiadamente orientadas com os funcionários em ritmos específicos ou, em um outro extremo, que basicamente "dessem treinamento de tudo o tempo todo", a empresa forneceu aos gerentes parâmetros gerais de quatro tipos de situações de treinamento que se alinhavam aos diferentes estágios do ciclo de desempenho dos colaboradores. Referimo-nos a eles como "indicadores de funcionário" — indicações motivadas pelo colaborador que sinalizam momentos importantes para o treinamento e que não são impulsionadas apenas pelo gerente. Para o eBay, os quatro indicadores são:

Indicador de Funcionário	Resposta de Treinamento do Gerente
Planejamento do Sucesso No início do ano e quando o funcionário está começando um novo projeto ou tarefa.	Treinamento que estabelece resultados óbvios, necessidades de recurso, implementação de ideias e medidas.
Executando o Sucesso Quando o funcionário está realizando suas tarefas.	Treinamento que inspira a responsabilidade nos funcionários, mantém a execução como planejado e debate soluções para problemas.
Avaliando o Sucesso Quado um funcionário concluir projetos ou tarefas, ou durante o ciclo anual de avaliação de desempenho.	Treinamento que impulsiona o aprendizado intencional e reconhece contribuições e impactos com recompensas proporcionais.
Desenvolvendo o Sucesso na Carreira Quando o funcionário pode se beneficiar do desenvolvimento em tempo real e está pronto para se concentrar em interesses de carreira em longo prazo. **Fonte: eBay**	Treinamento que identifica necessidades de desenvolvimento em tempo real e explora interesses e aspirações de carreira em longo prazo.

Figura 10: Principais momentos para treinamento, de acordo com o eBay

Um líder de RH do eBay nos disse: "Às vezes você está ensinando; às vezes, orientando; e, às vezes, decifrando enigmas. A realidade é que você precisa ajudar as pessoas a alcançarem sua melhor contribuição o mais rápido possível. Elas precisam receber o nível certo de suporte, com base no cenário diferenciado."

Essa abordagem personalizada e fundamentada em situações pode ser muito útil para ajudar os gerentes a determinarem o ritmo certo de desenvolvimento para os membros de suas equipes. Porém, o treinamento individual dos funcionários vai além de entender suas necessidades e capacidade de absorver o desenvolvimento em um determinado momento: os conectores também consideram como os colaboradores reagirão ao feedback e ao treinamento.

Ajuste-se à Receptividade

Se você é gerente, mentor ou treinador há algum tempo, provavelmente reconhece a notável diferença entre treinar alguém que é receptivo aos seus esforços e alguém que é resistente. Claramente, é mais fácil treinar uma pessoa aberta e genuinamente interessada em ouvir os prós e os contras. No entanto, muitas só estão dispostas a ouvir a parte positiva — ou talvez apresentem resistência a qualquer tipo de feedback. A princípio, pode não ser fácil identificar esses funcionários.

Por um lado, os indícios de funcionários resistentes ao treinamento incluem:

- demonstração de linguagem corporal apática durante o treinamento ou feedback;
- solicitação rara de opinião sobre projetos ou desempenho individual;
- raiva ou frustração imediata durante as conversas de treinamento ou feedback; e
- reclamações e resistência explícita às soluções sugeridas.

Por outro lado, os funcionários receptivos ao treinamento manifestam comportamentos que incluem:

- busca ativa pela opinião do gerente sobre projetos e desempenho individual;
- escuta atenta em momentos de treinamento e feedback (por exemplo, fazer anotações, responder com afirmações e perguntas de follow-up);
- verbalização das áreas e limitações de desenvolvimento; e o mais importante:
- demonstração de em que e como eles tentarão melhorar, com base no feedback.

Os gerentes conectores procuram sinais que possam ajudá-los a desvendar a receptividade de seus subordinados diretos ou a resistência ao feedback e treinamento. Os funcionários que parecem abertos e prontos podem estar, na verdade, escondendo sua resistência ao feedback e às mudanças. Há dois desafios a serem enfrentados com colaboradores resistentes ao treinamento. Primeiro, é preciso que seus funcionários percebam e reconheçam suas dificuldades de desenvolvimento. Segundo, é preciso que eles tomem a iniciativa de resolvê-las.

Isso se aplica a outro exemplo de Alison Kaplow, quando ela enfrentou um problema específico de desempenho com um subordinado imediato. Na época, um pequeno grupo de analistas abordou Kaplow para dizer que o líder da equipe era "autoritário, não colaborava e delegava tarefas às pessoas sem ouvir suas opiniões". Como gerente desse líder, Kaplow teve que deixar de lado suas suposições sobre a situação e tentar entender como ele estava desempenhando sua função. Depois, ela teve que ajudá-lo a perceber como seus colegas se sentiam sobre seus métodos de trabalho. Como parte do processo, Kaplow precisou adaptar sua abordagem para auxiliá-lo a entender e aceitar o problema, fazendo perguntas imparciais, como: "Qual é o seu método para designar tarefas?" ou "Como você se sentiria se seu colega lhe passasse um trabalho sem considerar sua opinião?". Após constatar que o líder conseguia assimilar as perspectivas de seus colegas, ela forneceu um feedback mais direto e direcionou o treinamento para ajudá-lo a liderar a equipe de trabalho de maneira mais produtiva.

Fazer perguntas que provoquem autorreflexão nos funcionários e os orientem a reconhecer e entender seus desafios e áreas de desenvolvimento é particularmente eficaz quando eles são resistentes ao treinamento. Os melhores gerentes adaptam sua abordagem gerencial (e suas perguntas) às suas equipes, em vez de esperar que elas se transformem por seu líder. Ajustar-se à disposição para se desenvolver e à receptividade são apenas duas das maneiras pelas quais os conectores direcionam o treinamento para a pessoa, e não para o problema. Conhecer seus colaboradores facilitará a identificação da configuração que funcionará melhor para cada um e aprofundará a conexão de funcionários.

3. SER POSITIVO, MAS ESTAR PREPARADO PARA SER INCISIVO

Fornecer feedback com base no desempenho é uma das atividades mais amplamente analisadas que os gerentes praticam como parte de suas interações individuais com os funcionários. Desde a abordagem de "feedback contínuo", que agora conhecemos bem, até a "técnica do sanduíche", na qual os gerentes disfarçam o feedback negativo com duas observações positivas, há inúmeras teorias sobre como os gerentes devem fornecer feedback. Mais uma vez, nossa pesquisa revelou que os conectores são únicos na forma de fornecer feedback como parte da conexão de funcionários.

Primeiro, descobrimos que os gerentes conectores, mais do que qualquer outro tipo, priorizam falar sobre os pontos fortes dos funcionários nas sessões de feedback e treinamento.[15] Eles se concentram na construção da confiança dos funcionários e no destaque de seu potencial, aproveitando o que fazem de melhor. Essa não é uma abordagem nova, pois a liderança baseada em pontos fortes se fortaleceu nos últimos anos. No entanto, o que achamos mais interessante é que os conectores se sentem à vontade ao fornecer feedback negativo — quase tão à vontade quanto os gerentes disponíveis. Isso está alinhado com o que sabemos sobre uma das qualidades de liderança mais comuns entre os conectores mencionadas no Capítulo 3 — agir com coragem em situações desafiadoras. Eles não têm medo de ter conversas difíceis quando necessário e tornam essas interações menos desconfortáveis, ao criar uma base sólida de confiança e apoio.

Fornecer feedback crítico pode ser difícil — especialmente para gerentes novos ou inexperientes; mais focados em relacionamentos; ou especialmente sensíveis às emoções de seus subordinados diretos. Estereótipo ou não, chefes do sexo feminino às vezes têm uma má reputação por serem muito severas ou facilmente influenciáveis. Portanto, é interessante que nossa pesquisa constate que a prevalência de gerentes conectores é praticamente igual entre homens e mulheres.[16] Independentemente do gênero, os conectores conseguem encontrar esse equilíbrio essencial entre ser empático e ser direto.

Fran Hauser, executiva de mídia e autora de *The Myth of the Nice Girl: Achieving a career you love without becoming a person you hate* ["O

Mito da Boa Moça: Como alcançar uma carreira que se ama sem se tornar uma pessoa que você odeia", em tradução livre], compartilha os desafios que enfrentou desde que se tornou gerente: "Quando eu tinha 27 anos, assumi meu primeiro cargo de gerência na Coca-Cola. Para mim, alguns aspectos do trabalho fluíam mais naturalmente do que outros. Como valorizo a bondade, eu tinha muita empatia pelos membros da minha equipe. Isso me tornou uma boa mentora e ouvinte, mas dificultou o feedback crítico. Compreendi imediatamente como seria difícil para os membros da minha equipe ouvir críticas e, quando me colocava no lugar deles, não conseguia suportar a ideia de fazê-los se sentir mal."[17]

Gerentes de ambos os gêneros (e particularmente aqueles que nunca precisaram dar muito feedback negativo) podem se identificar com esse receio. O principal insight que ajudou Hauser a contornar sua hesitação em dar feedback também é um fator em comum entre os conectores: a importância de ser autoconsciente e autêntico. Hauser conhecia seu próprio estilo e sabia o que a fazia se sentir confortável. Posteriormente, quando atuou como executiva na AOL, ela teve uma conversa difícil com um de seus funcionários que liderou o lançamento de um site com desempenho insatisfatório. Dessa vez, ela estava mais preparada para dar feedback. "Minha abordagem foi dissociar a 'pessoa' (James) dos 'fatos' (não atingir os objetivos esperados) e dar voz a ela, fazendo perguntas que elaborei cuidadosamente: 'O que acha que poderia ter sido feito de maneira diferente?' em oposição a 'O que acha que VOCÊ poderia ter feito de maneira diferente?'."[18] Essa ideia de fazer perguntas sobre fatos é uma técnica útil que tem menos probabilidade de provocar uma reação defensiva. Hauser defende o uso de perguntas reflexivas cuidadosamente selecionadas para ajudar os funcionários a perceberem quando uma mudança de comportamento é necessária.

Além de fazer as perguntas certas visando desenvolver a autoconsciência, os conectores usam o que aprendem para fornecer feedback específico e tangível, positivo ou negativo. No cerne de todo feedback fornecido por eles, há clareza, consigo e com seus funcionários, sobre o *motivo* pelo *qual* estão fazendo-o. Essa clareza explícita facilita o compartilhamento de feedback negativo. Relacionar um conselho a um objetivo comercial (e não a falhas individuais) diminui o estigma, torna-o menos pessoal e permite que a mensagem seja transmitida com tranquilidade.

Em geral, quando fornecem feedback positivo e negativo, os gerentes precisam ter em mente a cultura, as políticas e as normas de liderança empresariais. Por exemplo, em organizações que superestimam uma abordagem baseada em pontos fortes, pode ser menos comum e mais desconfortável discutir áreas de desenvolvimento. Outras empresas, como a Netflix, operam com base em uma cultura na qual é comum compartilhar qualquer tipo de feedback.[19] Assim sendo, não use a cultura e as normas empresariais como desculpa para não fornecer feedback negativo quando necessário. Ao seguir as etapas e as melhores práticas apresentadas neste capítulo, você pode fornecer com maior facilidade um feedback direto tanto positivo quanto negativo, aproveitando os relacionamentos de confiança estabelecidos com seus funcionários e a compreensão profunda das causas principais dos desafios. Como resultado, você dará o primeiro passo para se tornar um gerente conector ao criar uma forte conexão de funcionários.

FAÇA VOCÊ MESMO: A CONEXÃO DE FUNCIONÁRIOS

Interações individuais cuidadosamente cultivadas entre você e seus subordinados diretos formam a base da conexão de funcionários.

Ir além de suposições simples e estabelecer um entendimento mais aprofundado das necessidades de cada pessoa é algo que você pode começar a fazer imediatamente. Com o tempo, essa prática essencial única possibilitará que você forneça a quantidade adequada de treinamento e feedback no momento certo.

A tática mais importante que se pode usar para construir o vínculo é um diagnóstico eficaz. O exemplo do Lincoln Memorial evidencia esse aspecto: os holofotes atraíam mosquitos, os mosquitos atraíam aranhas, as aranhas atraíam os pássaros. Quem poderia imaginar? O Serviço Nacional de Parques percebeu isso porque decidiu se aprofundar no assunto para diagnosticar o problema. Da mesma forma, é possível usar o conhecimento adquirido com as perguntas e a escuta ativa e objetiva para fornecer feedback e treinamento direcionados. Tudo em nossa pesquisa aponta que, quanto mais compreendermos os membros da equipe, melhores serão os resultados de treinamento e desenvolvimento.

A compreensão mais profunda e pessoal decorrente da relação de confiança e do diagnóstico sólido também oferece dois impulsos adicionais de gerenciamento. Primeiro, diz o que você precisa saber sobre as pessoas para que possa ajustar sua abordagem de treinamento a fim de atender às necessidades alheias. Algumas pessoas precisam ser levadas ao seu limite, enquanto outras precisam de um ambiente seguro que possibilite a proatividade e a capacidade de assumir riscos. A forma como você ajusta sua abordagem depende do conhecimento acerca das necessidades de cada funcionário. Em segundo lugar, o diagnóstico permite que você se concentre nos pontos fortes dos indivíduos, ao mesmo tempo que fornece feedback crítico e específico que as inspirará a expandirem e melhorarem. Ratificando: a conexão de funcionários se resume a entender cada indivíduo da sua equipe.

Criar essa conexão é mais fácil se você for naturalmente curioso, autoconsciente e empático — assim como os conectores — e quando sua cultura empresarial apoiar o desenvolvimento de funcionários. No entanto, para além disso, desenvolvemos um conjunto de ferramentas que podem auxiliar (disponível na página 222) na criação dessa primeira conexão essencial.

FERRAMENTAS PARA CONSTRUIR A CONEXÃO DE FUNCIONÁRIOS

- *Conjunto de Ferramentas para Gerentes Conduzirem uma Análise da Raiz do Problema* — Esta ferramenta o ajudará a questionar e levantar hipóteses para as causas dos desafios de desempenho, a fim de que você supere suas suposições sobre os funcionários.

- *Guia para Conversas de Desenvolvimento Focadas nos Funcionários* — Esta ferramenta o prepara para conversas de treinamento, fornecendo perguntas de avaliação essenciais que ajudam a diagnosticar a disposição de seus funcionários para desenvolverem novas habilidades.

- *Guia para Conduzir Discussões de Feedback Construtivas* — As perguntas desta ferramenta o ajudarão a se preparar para conduzir conversas de feedback sinceras, prospectivas e baseadas em evidências.

SUMÁRIO EXECUTIVO

- O primeiro passo para desenvolver a conexão de funcionários é estabelecer um relacionamento construído com base na confiança. Depois que a base da confiança é constituída, os funcionários se tornam mais proativos em relação a suas necessidades de desenvolvimento durante o diagnóstico.

  Tonika Cheek Clayton, do NewSchools Venture Fund, cria confiança perguntando aos seus funcionários: "Como posso ajudá-lo?" em cada conversa sobre desenvolvimento.

- O que diferencia os conectores é seu foco em escutar ativamente e fazer perguntas poderosas para diagnosticar as necessidades, os interesses e as aspirações de desenvolvimento de seus subordinados diretos. Essa tendência de *alto investimento em diagnóstico* estabelece a conexão de funcionários — as interações personalizadas individuais entre gerentes e seus subordinados diretos. Utilize as *Perguntas de Conectores Mais Poderosas*.

  Alison Kaplow, diretora-geral da Accenture, concentra-se em perguntas-chave para aprender sobre seus funcionários, mas usa um conjunto diferente de perguntas imparciais para conduzir a análise da raiz do problema de desempenho de um colaborador.

- Conectores *treinam a pessoa e não o problema*, ajustando sua abordagem de treinamento com base nas aspirações e na personalidade de cada indivíduo.

  O eBay fornece aos gerentes uma estrutura de avaliação da disposição de um funcionário para se desenvolver a fim de determinar como precisam ajustar seu estilo de gerenciamento para cada um dos colaboradores.

- Os conectores são *positivos, mas estão preparados para serem incisivos*. Eles fornecem feedback sobre os pontos fortes e se sentem à vontade para realizar orientação rígida quando necessário.

  Quando precisa dar um feedback mais incisivo, a executiva de mídia Fran Hauser tenta oferecer *"feedback de forma empática e solidária, apresentando-o como um conselho útil, e não como uma crítica severa"*.

CAPÍTULO 5

A Conexão de Equipe: Torne o Desenvolvimento um Esforço Coletivo

Nenhum de nós é tão inteligente quanto todos nós.[1]
— *Ken Blanchard, proeminente escritor*

Se você já assistiu a um episódio de algum famoso programa de culinária, como o *Hell's Kitchen*, está familiarizado com o intenso ambiente de trabalho, geralmente dominado pela raiva, de uma cozinha profissional.[2] Os chefs trabalham sob um calor sufocante, com prazos apertados, e a apreciação incessante dos clientes. A equipe costuma encerrar seu turno lá pelas altas horas da madrugada com cortes e contusões reais, e cicatrizes emocionais igualmente profundas. Esses são os efeitos colaterais típicos do ramo dos restaurantes.

Como parte de nossa pesquisa sobre os gerentes conectores, entrevistamos Steve Howell, na época, líder de RH de uma empresa de jogos na África do Sul. Howell trabalhava na mudança da cultura de gerenciamento e descreveu o ambiente de trabalho da cozinha de um cassino de Joanesburgo da seguinte forma: "A atitude dos funcionários da cozinha demonstra que, para ter êxito, a cultura deve ser rígida." Para muitos funcionários de restaurantes, não há outra maneira comum de trabalhar *além* de xingar e gritar uns com os outros. Talvez por causa da natureza caótica do ambiente, tradicionalmente, os gerentes disponíveis dominaram as cozinhas profissionais. Como Howell descreveu a situação: "Chefs de cozinha precisam inventar novos palavrões" para comandar e controlar.

No entanto, à medida que conversamos com Howell sobre nossa pesquisa, ele ficou fascinado pela abordagem do gerente conector e se perguntou se tal experimento social poderia ser conduzido em uma agitada cozinha de cassino. Seria possível aplicar o etos de gerente conector a esse difícil ambiente de trabalho? Como Howell logo constatou, a resposta foi um retumbante sim.

Como primeiro passo do experimento, Howell identificou um chef executivo que apresentou um comportamento típico de gerente conector em outras cozinhas ao longo de sua carreira. Ele colocou o chef conector em um dos hotéis da empresa em Joanesburgo, cuja cozinha Howell descreveu como "terrível". A primeira iniciativa do chef foi conhecer os outros cozinheiros, incluindo suas habilidades, seus interesses e a dinâmica do ambiente. Depois de realizar esse diagnóstico, descobriu que a cozinha era composta de profissionais altamente qualificados, que atuavam de forma muito independente, criando pratos que pareciam descoordenados e culpando uns aos outros pelos problemas. O chef prometeu mudanças e a criação de um novo tipo de ambiente de trabalho no qual os cozinheiros apoiassem, incentivassem e aprendessem uns com os outros. Depois de apenas dois meses, Howell descobriu, para sua grande surpresa, que o chef mudara a cozinha tão drasticamente que os cozinheiros começaram a dar feedback positivo uns aos outros, o serviço estava muito melhor e havia uma cultura mais solidária. Além disso, todo o cardápio foi aprimorado e a cozinha lançou um novo menu de degustação. Howell afirmou: "Foi um contraste surpreendente. As pessoas habituadas ao mundo da cozinha diriam que isso não funciona, mas esse caso exemplar provou o contrário. É fascinante quando você assume uma situação extrema como essa."

A história de Steve Howell *é* impressionante, pois prova que os gerentes conectores podem operar e prosperar em qualquer ambiente. Na verdade, a história de Howell não é apenas sobre o ato heroico de melhorar a situação de uma cozinha. Ela também aborda especificamente como um gerente conector pode transformar o ambiente de equipe, de modo que cada indivíduo seja motivado, apoie os colegas e tenha o melhor desempenho.

A EQUIPE COMO POTÊNCIA DE APRENDIZAGEM

Na última década, as equipes se tornaram um assunto de grande interesse no mundo dos negócios. Especialistas, incluindo Patrick Lencioni, autor de *Os 5 Desafios das Equipes*, e Deborah Ancona e Henrik Bresman, autores de *X-teams*, escreveram centenas de páginas sobre o poder das equipes de impulsionar o desempenho dos negócios.[3] A maioria desses livros foca a dinâmica, a inovação e o modo como as equipes podem gerar melhores resultados nos negócios. Embora todos sejam temas relevantes, poucos livros abordam como as equipes alcançam melhores resultados por meio de suporte e desenvolvimento mútuo — ou como os gerentes podem catalisar esse comportamento benéfico e a cultura de suporte dentro das equipes.

Colegas de equipe se desenvolvem naturalmente até certo ponto. Em um mercado de trabalho com requisitos e habilidades que mudam depressa, aproximadamente um quarto dos funcionários já conta com seus colegas como principal fonte de feedback.[4] Nossa pesquisa descobriu, no entanto, que, embora a maioria dos funcionários esteja disposta a discutir pontos fortes e compartilhar conhecimento com seus colegas, grande parte não se sente à vontade para compartilhar suas deficiências de competência (fraquezas) nem se responsabiliza de maneira alguma pelo desenvolvimento de habilidades entre colegas de equipe.[5] Visando criar um ambiente próspero para o desenvolvimento mútuo, os funcionários devem compartilhar não apenas seus pontos fortes, mas também suas vulnerabilidades. E é nesse ponto que o gerente conector entra em ação, pois ele cria um ambiente de confiança, no qual as pessoas se abrem sobre seus pontos fortes e necessidades de desenvolvimento, e são encorajadas e incentivadas a desenvolver seus colegas.

A conexão de equipe criada pelos conectores remete às interações informais e designadas que facilitam o compartilhamento colaborativo de habilidades dentro de uma equipe, transformando-as em uma potência de aprendizagem. Como mencionado, essa conexão é mais difícil de ser estabelecida do que se pode imaginar. Embora os membros de uma equipe compartilhem um conjunto diversificado de habilidades e conhecimentos, apenas um quarto dos gerentes — os conectores — engaja seus subordinados diretos a desenvolverem os conhecimentos e as habilidades uns dos outros.[6] Eles desenvolvem essa conexão, em parte, ao aproveitarem a diversidade de competência em suas equipes. Por exemplo, o chef conector de Joanesburgo dedicou seu tempo para entender as habilidades, experiências e os interesses dos profissionais de sua cozinha. Ele criou um ambiente de apoio e confiança que motivou os cozinheiros a trabalharem em equipe.

Esse elemento de "motivação" não é meramente superficial. A conexão de equipe possibilita que os conectores, de forma consciente e consistente, incentivem os funcionários a serem treinadores de seus colegas. E eles certamente não adotam uma abordagem de não intervenção, como os líderes de torcida tendem a fazer. Em vez disso, os conectores indicam pessoas que possuem habilidades específicas que podem beneficiar os outros, além de identificar e superar as diferenças. O chef conector agrupou os cozinheiros com habilidades complementares e definiu a expectativa de que eles treinassem uns aos outros. O açougueiro mais experiente foi conectado ao especialista em carnes refogadas; e o cozinheiro com experiência em gastronomia molecular foi conectado a um cozinheiro com experiência em cozinha tradicional francesa. Em geral, os cozinheiros foram incentivados a equilibrarem seus pontos fortes e elogiados ao ensinarem novas habilidades uns aos outros. O chef conector solicitou diferentes pontos de vista sobre ingredientes e cardápios, e garantiu que a voz de todos fosse ouvida e considerada, mesmo que nem todas as ideias fossem incorporadas.

De certa forma, os gerentes conectores são como chefs que criam seu próprio prato principal. Eles constantemente monitoram sua cozinha (o ambiente de trabalho) e intervêm apenas quando necessário. Assim como os chefs, os conectores entendem que combinar os ingredientes certos — sua equipe — da maneira correta gera um resultado ideal.

OS TRÊS MANDAMENTOS DA CONEXÃO DE EQUIPE

O desenvolvimento da conexão de equipe requer confiança, autoconsciência e abertura — sem mencionar tendências de novos comportamentos que às vezes são contrárias à maioria dos ambientes de trabalho. Em nossa pesquisa quantitativa e qualitativa, descobrimos que os gerentes conectores seguem três mandamentos, que acarretam uma conexão de equipe mais forte (veja a Figura 11):

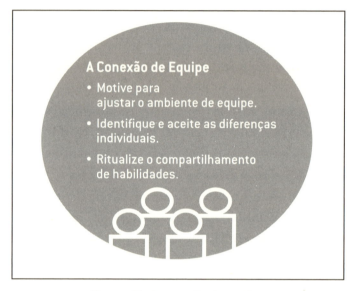

Figura 11: A conexão de equipe

1. **Motive para ajustar o ambiente de equipe:** os conectores se esforçam para entender o que motiva as pessoas e equipes, para que possam criar suas próprias abordagens de gerenciamento personalizadas e garantir que os funcionários de suas equipes trabalhem em prol de objetivos comuns.

2. **Identifique e aceite as diferenças individuais:** os conectores incentivam os indivíduos de suas equipes a compartilharem opiniões, bagagens e experiências distintas e utilizam essas diferenças para gerar confiança de equipe, desenvolver novas habilidades e melhorar resultados.

3. **Ritualize o compartilhamento de habilidades:** os conectores facilitam que funcionários desenvolvam seus colegas ao institucionalizar o compartilhamento de informações, pontos fortes e necessidades entre os membros da equipe.

Analisaremos cada um desses mandamentos.

1. MOTIVE PARA AJUSTAR O AMBIENTE DE EQUIPE

Anita Karlsson-Dion tem um histórico inusitado em comparação com um gerente comum. Em 1988, ela representou a Suécia como atiradora de carabina nas Olimpíadas de Seul, ficando em 8° lugar na sua categoria. Durante toda a sua juventude, se esforçou para se tornar uma atiradora olímpica, inclusive treinando equipes juvenis na Suécia, que também competiam no esporte. Após as Olimpíadas, ela decidiu trabalhar em um ambiente no qual pudesse aplicar a disciplina, o foco em resultados e o interesse em viagens internacionais que havia desenvolvido por meio de seu treinamento como atleta a nível mundial. De fato, ela entrou para uma das maiores empresas globais do mundo: a IBM. Hoje ela é uma líder respeitada na empresa, tendo ocupado uma série de cargos de alta liderança.

Em um cargo específico, Karlsson-Dion teve um inusitado desafio de liderança que a obrigou a demonstrar sua capacidade de desenvolvimento da conexão de equipe. Como vice-presidente de Terceirização de Processos de Negócios (BPO, na sigla em inglês) de Nova York, ela gerenciava todos os serviços de terceirização de processos da IBM, incluindo dezenas de milhares de funcionários espalhados por vários países, incluindo Filipinas, Polônia, Índia, China e Brasil. Para quem não está familiarizado, no ramo de BPO, clientes contratam empresas para gerenciar serviços terceirizados, como sistemas de folha de pagamento, cobrança ou equipe de call center — geralmente com custos trabalhistas mais baixos em comparação com o país de origem do cliente. Os funcionários são contratados pelo parceiro de BPO, mas considerados uma extensão da equipe do cliente. Porém, dependendo do trabalho e do cliente específicos, a retenção desses empregos e talentos pode ser difícil. Em geral, o setor global de BPO apresenta mais de 20% de rotatividade — e manter os funcionários engajados e motivados para que continuem na empresa é um esforço importante.[7] Quando funcionários saem da companhia, o recrutamento e o treinamento contínuos são caros e demorados. Sempre que novos profissionais precisam de treinamento, os recursos são desviados das atividades de maior valor.

Quando Karlsson-Dion assumiu sua função, ela estava determinada a diminuir as taxas de desligamento em seu grupo. Na tentativa de motivar e unir sua enorme e globalmente dispersa equipe, ela realizou várias iniciativas direcionadas. Primeiro, conectou-se às equipes por meio das plataformas internas de rede social da IBM, compartilhando blogs e vídeos a fim de se humanizar e ajudar os funcionários a se identificarem com a empresa e seus objetivos mais amplos. Em seguida, viajou para vários locais e conduziu centenas de debates e conferências presenciais para conhecer os funcionários pessoalmente. Por fim, realizou sessões de perguntas abertas em ambientes virtuais, nas quais, junto a seus subordinados diretos, compartilhou a visão e a estratégia da empresa e respondeu a perguntas de milhares de funcionários. Como resultado desses esforços, Karlsson-Dion percebeu uma melhoria no engajamento de sua equipe. Os colaboradores começaram a segui-la nas redes sociais e a enviar e-mails com perguntas; e seus subordinados diretos passaram a reproduzir seu comportamento dentro de suas próprias equipes.

Apesar dessas melhorias incrementais, Karlsson-Dion não estava satisfeita. Ela queria tentar fazer algo realmente diferente para se conectar à sua equipe em um nível mais profundo. Em vez das habituais sessões de perguntas abertas, decidiu virar o jogo e fazer vários questionamentos aos funcionários em uma sessão ao vivo realizada virtualmente. Ela fez três perguntas:

1. O que o deixaria mais animado para trabalhar todos os dias?
2. O que, como empresa, poderíamos fazer melhor?
3. Como podemos intensificar nossa inovação?

A reação foi surpreendente. Ela recebeu milhares de respostas dos funcionários sobre suas motivações e perspectivas quanto a melhorias nos negócios. À medida que o feedback chegava, Karlsson-Dion desempenhava seu trabalho, formando uma equipe para ajudá-la a analisar os dados. Ela buscou segmentos de problemas, temas e resultados imediatos, e respondeu com diversas soluções que incorporavam a contribuição de seus funcionários.

O resultado: os colaboradores tiveram a sensação de que estavam sendo ouvidos, podendo compartilhar suas perspectivas e constatar que sua líder implementou mudanças com base no que era importante para eles. Por exemplo, alguns dos funcionários no grupo de Karlsson-Dion sentiam que não eram respeitados por seus colegas das equipes de clientes. Com isso em mente, ela lançou um programa chamado PALS [sigla em inglês para "Pessoas, Conscientização, Escuta, Pequenos Passos", em tradução livre], como uma forma de intervenção entre os funcionários da IBM e seus clientes. Como parte do programa PALS, ambos passaram dois dias em um ambiente seguro, se conhecendo, aprendendo a trabalhar melhor juntos e colaborando para identificar maneiras de ajustar os processos, com o objetivo de criar uma situação mais benéfica para todos.

Outro resultado imediato para Karlsson-Dion consistia em identificar problemas estruturais que atrapalhavam a motivação diária. Ela descobriu que, em um dos escritórios, a máquina de café estava quebrada há algum tempo e os funcionários estavam *muito* descontentes com isso. (Se você for como nós, consegue imaginar a frustração que esses funcionários sentiram sem suas doses diárias de cafeína.) Imediatamente, Karlsson-Dion instalou uma nova máquina de café. Em outro escritório, os funcionários se sentiam desprotegidos devido à tranca quebrada de uma porta. Ela rapidamente providenciou o reparo. Nem todos os problemas que surgiram foram resolvidos com tanta facilidade; ainda assim, Karlsson-Dion conseguiu avançar na compreensão de obstáculos motivacionais que muitos de seus antecessores nem sequer estavam cientes.

Com base no trabalho que realizam para estabelecer conexões de funcionários individuais, os gerentes conectores têm uma vantagem em entender as motivações dos colaboradores. (É possível perceber como as táticas de diagnóstico, discutidas no capítulo anterior, se aplicam aqui.) No entanto, como constatamos com o exemplo de Karlsson-Dion, os conectores dimensionam seus diagnósticos individuais, aplicando-os a toda a equipe. Ela encontrou uma maneira de realizar as conexões individuais e de equipe ao reunir dados fornecidos por milhares de colaboradores da IBM; esforçou-se para compreender suas perspectivas e motivações; usou esse conhecimento para adaptar o ambiente de forma a aumentar a motivação em todas as equipes; e, o mais importante, alcançou seu objetivo de melhorar a retenção de funcionários, chegando a um nível de desligamento considerado o mais aceitável em sua categoria no setor de BPO.

Identifique e Monitore as Motivações

Como aprendemos com Karlsson-Dion, identificar o que inspira o desempenho individual e de equipe é um dos primeiros passos para propiciar um ambiente saudável e favorável ao desenvolvimento. Enquanto alguns gerentes e empresas usam aplicativos para entender e monitorar as motivações, outros pedem aos seus funcionários que participem de pesquisas de engajamento e valores regularmente. Como gerente, você pode simplesmente solicitar que seus funcionários compartilhem seus cinco principais fatores de motivação para determinar e monitorar o que os incentiva.

Na página 228, incluímos uma lista com cinquenta fatores de motivação. Você pode compartilhá-la de forma completa ou parcial com seus funcionários para ajudá-los a identificar quais tópicos são mais relevantes. Depois disso, agende uma reunião de equipe para discutir pontos comuns e decidir quais soluções imediatas e ajustes de processo mais amplo funcionarão com base em seus diferentes fatores de motivação individual. Na Gartner, uma equipe de pesquisa conduziu esse exercício com doze funcionários. Identificar as motivações que os uniram (ou dividiram) permitiu que a gerente reformulasse a maneira como criava as pautas das reuniões de equipe. Por exemplo, o fator de motivação mais citado foi a *colaboração*. A gerente da equipe usou esse conhecimento para criar oportunidades de colaboração estruturadas durante os primeiros cinco minutos de cada reunião. Embora a maioria dos membros da equipe estivesse trabalhando em seus próprios projetos, ela pediu a todos que compartilhassem os avanços que pudessem ser mais relevantes aos demais. Isso suscitou novas possibilidades de colaboração à medida que as pessoas encontravam pontos em comum nos projetos e formas de ajudar uns aos outros. Em geral, as motivações de sua equipe podem ser incorporadas à maneira como você delega projetos, comunica prioridades e gerencia atividades diárias.

Compreender o que inspira o desempenho individual e de equipe é um processo demorado, mas incorporar os fatores de motivação ao seu modo de gerenciamento não requer necessariamente uma abordagem completamente nova. Até pequenos ajustes na maneira e no conteúdo comunicado podem criar um ambiente de trabalho mais confiável, aberto, motivador.

2. IDENTIFIQUE E ACEITE AS DIFERENÇAS INDIVIDUAIS

De acordo com o censo de 2000 nos Estados Unidos, a pequena cidade de Lewiston, no Maine, era 96% branca, predominantemente católica e passava por dificuldades econômicas.[8] Isso mudou drasticamente na década seguinte, quando a cidade foi transformada pela chegada de milhares de imigrantes, muitos da Somália, que fugiam da guerra civil. Além de os novos habitantes mudarem a composição racial de Lewiston, eles destoavam em aparência, praticavam uma religião distinta e comiam alimentos diferentes. Os residentes de Lewiston não foram receptivos com os somalis; em vez disso, estabeleceu-se uma xenofobia generalizada. Em 2012, o prefeito de Lewiston basicamente pediu aos somalis que não viessem à cidade ao afirmar: "Deixe sua cultura na porta de entrada."[9] As tensões raciais também atravessaram os muros das escolas, onde os estudantes somalis costumavam ouvir gritos nos corredores: "Voltem para a África!"[10]

No entanto, a situação era claramente diferente no campo de futebol. Composto igualmente de jogadores somalis e norte-americanos, o time de futebol do colégio de Lewiston teve um sucesso notável dentro e fora do campo nos últimos anos. "Pamoja Ndugu!" é o que os Blue Devils entoam antes de cada partida. A frase significa "irmãos juntos" em suaíli, a língua comum entre vários refugiados somalis da equipe.[11] Esse não é um grito de guerra aleatório, mas, sim, um símbolo da ampla mudança que aconteceu na equipe, igualando todos os jogadores.

O treinador do Blue Devils, Mike McGraw, um gerente conector, é altamente responsável pela transformação da equipe. No início de seu trabalho com o time, McGraw notou que sua equipe se arrumava para os treinos, vestindo caneleiras e chuteiras, em dois locais diferentes. Os meninos brancos se reuniam em torno de um poste de luz no gramado, enquanto os meninos somalis se arrumavam na frente de um galpão de equipamentos. O treinador percebeu a separação do time e tomou medidas imediatas para reuni-lo. Posicionando os meninos em grupos "misturados", formados por jogadores brancos e negros, McGraw deixou claro que eles andariam juntos, dentro e fora do campo.[12] A partir daquele dia, foi o que fizeram. Nas palavras do treinador: "O bom das culturas distintas é que, se as pessoas realmente conversarem, descobrirão que são mais parecidas do que diferentes."[13] Ele conseguiu fazer com que os jogadores interagissem e construíssem relacionamentos. Percebendo que os imigrantes somalis tinham diferentes conjuntos de competências, ele também se concentrou em combinar habilidades na equipe para que os meninos aprendessem uns com os outros. Com o tempo, à medida que mais imigrantes se juntaram à equipe, o Blue Devils contava com jogadores de seis países diferentes.[14] Eles conquistaram vários títulos regionais e estaduais ao longo de cinco anos e, em 2015, ficaram entre os 25 melhores dos Estados Unidos.[15] Embora a integração do time certamente tenha ajudado em campo, as atitudes de McGraw passaram uma mensagem que foi muito além do futebol escolar.

McGraw demonstra uma qualidade importante de gerente conector. Ele reconheceu e assumiu as diferenças individuais e encurtou as distâncias para melhorar os resultados da equipe. Nem sempre a diversidade de habilidades, experiências e perspectivas se mostram tão óbvias em um local de trabalho quanto as diferenças nacionais, étnicas e culturais encontradas no time de futebol de Lewiston, mas os gerentes conectores utilizam comportamentos parecidos para identificar diferenças, aproveitando-as para impulsionar suas equipes.

Se o seu tipo de gerente é outro, como o professor, é provável que se concentre em moldar seus subordinados diretos para que se pareçam mais com você. No entanto, os conectores fazem um esforço a mais para encontrar as diferenças singulares dentro de suas equipes e as usam como fonte de aprendizado, e também em prol do desempenho e da inovação. Muitas empresas têm políticas bem-intencionadas em relação à diversidade e à inclusão, mas ouvimos repetidamente dos líderes desses departamentos como essas políticas no local de trabalho não conseguem "sair do papel", por assim dizer. Na verdade, isolar as diferenças às vezes pode gerar um sentimento de exclusão. Quantas vezes a situação do time de Lewiston se refletiu em outras comunidades, nas quais as equipes *nunca* se aproximaram e seus membros continuaram a operar em esferas separadas? A realidade é que, em qualquer equipe, se promovermos a diversidade sem trabalhar explicitamente a inclusão, o *status quo* pode terminar em segregação. Segundo Vern Myers, vice-presidente de Estratégia de Inclusão da Netflix: "Diversidade é ser convidado para a festa. Inclusão é ser chamado para dançar."[16]

Pratique os Valores Inclusivos

É preciso esclarecer a ideia de inclusão nas equipes e torná-la viável. Nossa pesquisa quantitativa constatou que os conectores são mais propensos do que qualquer outro tipo de gerente a solicitar opiniões diferentes e resolver conflitos de forma satisfatória, com todas as partes se sentindo respeitadas.[17] Não surpreende que nossa pesquisa também demonstre que o respeito é um valor que a maioria dos gerentes deseja promover em suas equipes. Aparentemente, a ideia de criar respeito entre colegas parece simples — os gerentes devem ditar as tendências, ser pacificadores e negociadores, certo? *Por que a gente não pode simplesmente se dar bem?* É evidente que construir respeito (e inclusão) não é tão fácil. Uma descoberta central da pesquisa sobre inclusão mostra que apenas agir com decoro entre colegas, na verdade, não pressupõe ou indica respeito. Apenas "manter a paz" não afetará sua equipe se seu objetivo for criar um ambiente inclusivo como gerente conector. É nesse ponto que surge a coragem gerencial mencionada no Capítulo 3. Para criar um ambiente inclusivo, os conectores precisam fazer escolhas difíceis para eliminar comportamentos (e pessoas) não inclusivos e fazer o possível para garantir que perspectivas únicas sejam acolhidas.

Em 2018, Brandy Tyson foi nomeada diretora de uma escola de ensino médio que passava por dificuldades — havia uma alta rotatividade de professores e administradores, e as notas dos alunos estavam bem abaixo da média. Qual era o objetivo de Tyson? Transformar a escola em um ambiente acolhedor e inclusivo, no qual todos os alunos tivessem a oportunidade de aprender e se destacar. Como parte da iniciativa, sua pretensão era atrair e reter os melhores e mais brilhantes professores que pudessem engajar um grupo diversificado de alunos de diferentes origens socioeconômicas. Seu primeiro passo foi reconhecer a importância dos valores centrais da escola, começando por *caráter, excelência e serviço*. Em seguida, ela selecionou uma nova equipe de educadores com diferentes realidades, que, em sua opinião, personificariam esses valores. Tyson também teve a atitude ousada de dispensar professores caso sentisse que eles não davam o exemplo certo. Ela queria que todo o corpo docente tivesse disposição e motivação, e fez questão de conhecer todos os professores, aprendendo sobre suas paixões fora da escola e encontrando maneiras de explorar seus diversos interesses no trabalho. Ela queria que todos sentissem que poderiam trazer à tona o melhor de si para desempenhar a importante profissão de educador.

Como parte do esforço de recuperação, Tyson precisava fornecer liderança e fomentar inclusão não apenas entre os professores, mas também entre os alunos. De fato, seu desafio mais difícil surgiu com uma aluna da oitava série que sofria bullying em escolas anteriores por ser considerada diferente. De acordo com Tyson, a aluna costumava ter problemas nas aulas e parecia visivelmente irritada todos os dias, como se esperasse que as crianças e os professores a rejeitassem. Para piorar a situação, sua mãe aparecia de vez em quando, xingando e ameaçando a equipe porque achava que não apoiavam as diferenças de sua filha.

Tyson queria provar à aluna e à mãe que aquela era uma escola que acolhia e celebrava as diferenças. Primeiro, trabalhou com a aluna da mesma maneira que havia feito com os professores — construindo relacionamentos por meio da conexão de funcionários, um dos principais aprendizados do Capítulo 4. Ao fazer isso, Tyson descobriu que a aluna era apaixonada por arte e cinema. Seu próximo passo foi incentivá-la a tornar-se membro e fundadora da nova "academia de cinema" da escola, em parceria com um professor que tinha o mesmo interesse. Por fim, Tyson implementou uma prática que acabou sendo o fator decisivo: uma rotina matinal em que todos no campus "reconheciam algo maravilhoso e único em outra pessoa". Por conta dessa abordagem, a aluna recebeu elogios pela originalidade em seu penteado, seu senso de moda e sua arte, sendo uma das primeiras vezes que ouviu colegas falando positivamente sobre sua aparência. Com o tempo, Tyson conseguiu não somente conquistar a confiança da aluna e mudar sua atitude, mas também criar uma comunidade de aprendizado na qual os indivíduos são favoráveis às diferenças e se sentem à vontade para ser eles mesmos.

Tyson nos proporciona várias lições conectoras. Primeiro, ela demonstrou muita coragem ao tomar medidas ousadas para garantir que todos na escola praticassem os valores inclusivos que estabeleceu. Segundo, fez o que todo gerente conector deve fazer como base para as três conexões: desenvolveu a confiança de sua equipe e dos alunos, e se esforçou para entender seus interesses em um nível mais profundo. Por fim, criou um processo pelo qual todos os indivíduos da escola poderiam identificar e aceitar ativamente as singularidades individuais. Esses comportamentos conectores ajudaram Tyson a melhorar o desempenho e o engajamento entre seus alunos e funcionários, além de ganhar o respeito dos pais. Ela ajudou a escola a obter uma boa reputação por cultivar a diversidade e a inclusão, atraindo novos e talentosos alunos — uma conquista que qualquer gerente valorizaria.

Promova Conflitos Produtivos

Os gerentes conectores criam uma base de respeito mútuo e inclusão nas equipes, em parte, ao promoverem *conflitos produtivos*. O conflito produtivo consiste na livre troca de ideias distintas e discordantes, em um diálogo no qual todas as partes se sentem ouvidas e respeitadas.[18] Embora se possa argumentar que há muitas esferas públicas nas quais o discurso positivo se esvaiu, ainda existem exemplos de conflito produtivo à nossa volta. De fato, em certos cargos, o conflito produtivo é essencial. Imagine um copiloto de uma companhia aérea que é interrompido quando quer fazer uma sugestão ao piloto, ou uma enfermeira de emergência que não consegue se comunicar com colegas em uma terrível emergência médica. Embora esses exemplos abarquem situações de conflito contraproducente, em geral, a natureza de alto risco dessas profissões cria um rigoroso código de conduta referente ao discurso positivo entre colegas.

Em sua própria equipe, há vários comportamentos importantes que você pode incentivar e manifestar como gerente para promover conflitos produtivos, incluindo:

- solicitar ativamente diferentes perspectivas e ideias;
- incentivar os possíveis detratores a se manifestarem com antecedência;
- manter a confidencialidade das conversas de equipe; e
- permanecer aberto a novas ideias.

Conflitos produtivos *não* devem:

- tentar agradar a todos;
- evitar conversas desconfortáveis;
- estabelecer debates intermináveis;
- sempre alcançar um consenso; ou
- desestimular aqueles que não gostam da solução.

Um dos gerentes de pesquisa da Gartner era defensor de conflitos produtivos. Ele realizava sessões regulares de *brainstorming*, nas quais designava diferentes papéis a serem desempenhados para ajudar a equipe a testar ideias, considerar novas perspectivas e, essencialmente, forçar certo conflito produtivo. A equipe deveria trazer para a reunião suas dez hipóteses de pesquisa mais convincentes, e a pessoa que atuasse como "o cínico" apontaria o maior número de falhas possível nas ideias. Aquele que desempenhasse o papel de "diretor financeiro" deveria encontrar todas as razões pelas quais os clientes não pagariam pelo que estava sendo apresentado, e "o empático" ficaria encarregado de se colocar no lugar dos clientes.

Colocar esse exercício em prática pode ajudar a obter perspectivas diferentes e reestruturar equipes propensas ao "pensamento de grupo". Estas são apenas algumas das maneiras pelas quais você pode engajar as equipes em conflitos mais produtivos e discussões honestas. No entanto, o processo de tomada de decisões da equipe é uma área importante para incentivar conflitos produtivos. Na maioria dos casos, as decisões são tomadas por consenso (o que pode demorar bastante) ou de modo padronizado, priorizando a opinião da pessoa de cargo mais alto. Embora seja importante que os gerentes sejam resolutos, os conectores criam um processo de tomada de decisões mais aberto e inclusivo. Eles nem sempre recorrem aos mesmos meios para decidir aspectos importantes e obtêm diversas perspectivas que são fundamentais para decisões *melhores*. Embora faça sentido na teoria, pode ser difícil para os gerentes colocarem isso em prática.

Um exemplo especialmente adequado de uma organização que quebra essas barreiras da tomada de decisões é a empresa de software de código aberto Red Hat, estudada pela Gartner em sua pesquisa sobre inclusão. Jim Whitehurst, CEO da Red Hat, escreveu um livro sobre a abordagem de gerenciamento aberta e inclusiva da empresa.[19] A abordagem intencional da tomada de decisões como uma maneira de eliminar as barreiras do gerenciamento tradicional nos impressionou. Os princípios fundamentais dessa abordagem da Red Hat começam no topo e fluem por toda a empresa, sendo eles:

- solicitar diferentes perspectivas e ideias;
- interagir com as pessoas certas para a tomada de decisão;
- incluir os detratores;
- manter-se aberto a informações e ideias; e
- trabalhar de forma mais inclusiva para obter resultados.

Como organização, você poderia dizer que a Red Hat tem opiniões fortes sobre quem deve ser incluído nas decisões. A empresa até divulga um conjunto de perguntas para orientar os líderes sobre quem deve (e não deve) estar envolvido. Por exemplo, gerentes são incentivados a incluir os indivíduos que seriam *mais afetados* ou surpreendidos por uma decisão. Outro questionamento é *quem se importaria* com a decisão ou *seria mais sincero* sobre ela. Portanto, em vez de incluir profissionais apenas por causa do tempo de serviço ou envolvimento anterior, há um esforço para que as pessoas certas participem pelas razões adequadas. E, às vezes, os líderes seniores não são as pessoas certas.

3. RITUALIZE O COMPARTILHAMENTO DE HABILIDADES

A essa altura, você já sabe que os gerentes conectores usam fatores de motivação de equipe para criar um ambiente no qual as pessoas são inspiradas a aprender e se desenvolver, e adotam diversas perspectivas para compreender as diferenças individuais. O próximo componente para o desenvolvimento da conexão de equipe é possibilitar que os indivíduos aprendam uns com os outros. Os gerentes conectores não apenas aproximam subordinados diretos à aprendizagem entre pares em certas ocasiões, mas também ritualizam o compartilhamento de habilidades, incorporando-o à sua abordagem de gerenciamento.

Um de nossos exemplos favoritos é de uma agência governamental dos EUA que adotou uma prática chamada Each One, Teach One [Cada Um Ensina Um, em tradução livre]. Essa abordagem é usada em toda a organização para conscientizar as equipes sobre as habilidades que podem ser ensinadas e incorporar uma cultura de aprendizado entre colegas de trabalho. Como parte da Each One, Teach One, os gerentes reúnem suas equipes regularmente para o compartilhamento de habilidades. Cada profissional, incluindo o gerente, identifica uma habilidade que possui e que está disposto a ensinar aos demais. O gerente salienta os pontos fortes da habilidade e comunica a importância dessa troca entre colegas; em seguida, os indivíduos têm liberdade para estabelecer sessões de desenvolvimento com qualquer pessoa da equipe que se destaque nas habilidades que gostariam de aprofundar.

Outra versão dessa prática usada por Ray Dalio, codiretor de investimentos e copresidente da Bridgewater Associates, foi adaptada a um ambiente universitário com o objetivo de compartilhar habilidades entre pares.[20] Michael O'Leary, professor da McDonough School of Business da Universidade de Georgetown, começa o primeiro semestre de sua aula sobre liderança pedindo aos alunos que criem "cartões pessoais" que incluam seus "atributos": pontos fortes, áreas de desenvolvimento e experiências. O'Leary compartilha os cartões com a turma e os alunos os discutem em equipes menores. Segundo O'Leary: "Eles incentivam conversas mais abertas, estruturadas (e espero que um tanto divertidas) sobre o que trazem para a equipe e o que precisam dos membros (ou de outros de fora) em termos de experiência, especialização, conexões."

Sempre que compartilhamos uma prática como essa com um grupo de aspirantes a conectores, ela se torna uma lição preferida. Já vimos inúmeros gerentes a implementarem de maneiras diferentes. Essa abordagem gera benefícios transformadores que incluem:

- *Engajamento dos desmotivados* — Incentivar as pessoas a reconhecer e articular suas habilidades faz com que se lembrem de seus pontos fortes e possibilita que aproveitem seus conhecimentos em prol de seus colegas. Se os membros da equipe não conseguirem pensar em habilidades, outros integrantes poderão ajudá-los a identificar quais são mais relevantes, fáceis de ensinar e benéficas ao grupo. Isso por si só ajuda a construir o companheirismo e aumentar o moral.

- *Incentivo ao desenvolvimento de habilidades* — O compartilhamento de habilidades entre pares possibilita que os membros da equipe se responsabilizem por seu próprio aprendizado, além de ajudá-los a adquirir novas habilidades de forma eficaz, rápida e econômica, melhorando, assim, a competência geral do grupo.

- *Aprimoramento da confiança e da coesão de grupo* — Conectores são mais propensos do que qualquer outro tipo de gerente a ter uma equipe em que os membros confiem, desfrutem da companhia dos colegas e apoiem as realizações uns dos outros. Além do compartilhamento, os gerentes também devem incentivar os indivíduos a se abrirem sobre as habilidades que precisam desenvolver. Os membros da equipe podem trabalhar entre si para marcar reuniões e sessões de treinamento que promovam o ensino de uma série de habilidades relevantes.

O compartilhamento de habilidades não precisa ser demorado; se bem feito, pode economizar tempo em longo prazo. Ao simplesmente transformar o compartilhamento de habilidades entre colegas em uma reunião mensal ou trimestral previamente agendada, gerentes e equipes podem formalizar a prática, incorporando-a ao modo como as equipes operam.

Incentive o Compartilhamento de Habilidades

Durante nossa pesquisa, descobrimos outra prática notável que ajuda os gerentes a ritualizarem o compartilhamento de conhecimento, oportunidades e habilidades. Esse exemplo advém de uma fonte indiscutivelmente improvável: um escritório de advocacia multinacional. Por meio de sua própria análise, o Herbert Smith Freehills compreendeu que seus parceiros mais bem-sucedidos eram aqueles que apoiavam e contribuíam ativamente para o sucesso alheio e que se baseavam nos outros para terem mais êxito. Com esse entendimento, o escritório comprometeu-se a construir uma cultura em torno do compartilhamento de habilidades e de comportamentos colaborativos.

A peça central da prática do Herbert Smith Freehills é uma métrica incorporada ao seu processo anual de gerenciamento de desempenho chamada Contribuição para o Sucesso de Terceiros. Como parte do processo de feedback entre pares, cada parceiro precisa distribuir dez "pontos de desempenho de rede" para outros parceiros que mais contribuíram para o seu sucesso no ano anterior. Nesse sistema de gerenciamento de desempenho, eles selecionam cada indivíduo a quem gostariam de distribuir pontos e, em seguida, escrevem a maneira específica como essa pessoa apoiou seu desempenho ou desenvolvimento e o impacto exercido. Esse sistema fornece aos líderes as informações necessárias para reconhecer, valorizar e incentivar os indivíduos para esse impacto nos negócios, além de apoiar e desenvolver outros a adquirirem essa capacidade.

Os gerentes conectores criam condições que promovem um ambiente de equipe transparente e aberto, no qual as pessoas se conhecem e confiam umas nas outras, elaborando seus próprios rituais para o desenvolvimento colaborativo. No entanto, como no caso do Herbert Smith Freehills, há mudanças de processo que as organizações podem implementar para apoiar os conectores na ritualização do compartilhamento e da colaboração de conhecimento e habilidades entre colegas em suas equipes.

Superando os Obstáculos do Compartilhamento de Habilidades

É pertinente reconhecer que a ritualização do desenvolvimento entre colegas provavelmente parecerá mais natural em alguns ambientes de equipe do que em outros. No entanto, há formas de incentivar o desenvolvimento colaborativo mesmo nos cenários mais desafiadores. Primeiramente, isso pode ser mais difícil de acontecer em um ambiente de equipe no qual os indivíduos competem diretamente entre si por incentivos — por exemplo, em uma equipe de vendas. Nesses casos, é importante definir as metas de equipe e as individuais em conformidade. Também é possível adicionar incentivos ao desenvolvimento entre colegas, assim como o Herbert Smith Freehills fez ao acrescentar os pontos de desempenho de rede ao seu sistema de gerenciamento de desempenho.

Segundo, hoje em dia, muitas equipes são virtuais e globais, o que torna o desenvolvimento colaborativo mais desafiador por conta de fusos horários e situações de trabalho remotas. Os gerentes conectores de equipes virtuais investem excessivamente na comunicação e encontram horários convenientes para reuniões remotas regulares, durante as quais os colegas podem compartilhar pontos fortes e necessidades. O aumento das tecnologias de comunicação, como compartilhamento de tela, videoconferência e mensagens instantâneas, facilita esse desenvolvimento nas operações diárias de uma equipe virtual.

Em terceiro lugar, o desenvolvimento colaborativo pode ser mais desafiador quando uma equipe tem muitas novas contratações, simplesmente porque essas pessoas precisam aprender não apenas novas habilidades, mas também processos e práticas. Essa é uma excelente oportunidade para que os funcionários mais antigos compartilhem suas habilidades e conhecimentos. No entanto, o gerente conector também pode ajudar esses funcionários a entender o valor das diferentes perspectivas trazidas pelos novos membros da equipe. Por exemplo, por vezes, novos funcionários são contratados porque possuem habilidades que os outros não têm. Em outros casos, gerentes (ou colegas) podem descobrir habilidades que seus novos colegas possuem e que podem ser úteis à equipe como um todo. Em nossa própria equipe na Gartner, descobrimos que um dos novos funcionários era especialista em linguagem de programação Python. Essa era uma habilidade que muitos de nossos pesquisadores quantitativos estavam começando a aprender; portanto, o gerente da equipe implementou sessões regulares para que o novo especialista em Python pudesse compartilhar suas habilidades com os pesquisadores mais antigos.

Por fim, mesmo que se reportem ao mesmo gerente, os membros de uma equipe podem ter diferentes tempos de serviço na empresa. Em alguns casos, os profissionais mais antigos podem não se sentir à vontade em situações de desenvolvimento colaborativo com seus colegas novatos. Porém, assim como os próprios conectores se beneficiaram do aprendizado proveniente de diversas fontes, eles promovem a mesma abordagem não hierárquica de aprendizado e desenvolvimento por toda a equipe. Eles servem de exemplo e articulam o valor de suas próprias oportunidades de desenvolvimento não hierárquicas — uma relação formal de orientação reversa ou uma sessão informal de compartilhamento de habilidades.

Para ter sucesso na criação da conexão de equipe, é importante que os gerentes confiem em seus colaboradores e estejam dispostos a abrir mão de algum elemento de controle acerca do desenvolvimento individual. Com uma forte conexão de funcionários, os conectores adquirem um entendimento sobre os pontos fortes e as áreas de desenvolvimento de cada membro da equipe. Eles se familiarizam com cada colaborador no âmbito pessoal e compreendem a diversidade de forças e perspectivas que cada um pode agregar. Em seguida, os conectores usam essas diferenças dentro da equipe para motivar e capacitar seu desenvolvimento. A conexão de equipe possibilita funcionários mais motivados, com novas habilidades adquiridas por meio de outros colegas e com um melhor desempenho coletivo.

FAÇA VOCÊ MESMO: A CONEXÃO DE EQUIPE

É provável que você já consiga gerenciar estreitamente a dinâmica interpessoal de suas equipes como uma maneira de reforçar a inovação e alcançar os objetivos empresariais. Mas há grandes chances de que ainda seja necessário implementar o desenvolvimento entre pares e o compartilhamento de habilidades como norma da equipe. Muito poucos gerentes fazem isso. Por quê? Seus funcionários podem estar compreensivelmente hesitantes em se abrir para seus colegas sobre suas dificuldades em habilidades e raramente se responsabilizam pelo desenvolvimento colaborativo.

É nesse ponto que entra a conexão de equipe. Assim como os gerentes conectores apresentados neste capítulo, você pode criar um ambiente no qual as pessoas se sintam confortáveis em compartilhar seus pontos fortes e suas necessidades de desenvolvimento — um ambiente de equipe no qual os funcionários são incentivados e *assumem responsabilidades*, como desenvolver uns aos outros.

Em nosso trabalho, observamos como ritualizar o compartilhamento de habilidades entre colegas pode fazer a diferença de forma ainda mais benéfica e rápida. Ao retratar o desenvolvimento coletivo como uma norma aceita e até mesmo um objetivo formal (algo que as pessoas almejam alcançar), testemunhamos a vitória das equipes. Constatamos como as ações decisivas de Mike McGraw alteraram radicalmente as normas e mudaram comportamentos profundamente enraizados sobre questões raciais em uma cidade pequena, pelo simples fato de tornar a inclusão e a igualdade não apenas aceitáveis em seu time de futebol, mas também algo esperado dos membros como parte de sua rotina. A mesma fórmula se aplica ao desenvolvimento colaborativo.

Ritualizar o compartilhamento de habilidades pode acontecer de muitas formas dentro da sua empresa, mas geralmente exige a definição de diretrizes claras sobre as expectativas e a criação de programas — como o Each One, Teach One — que incorporem a abertura e o compartilhamento de habilidades à estrutura e às práticas da sua organização.

Além dos benefícios óbvios do desenvolvimento e da produtividade de funcionários, desenvolver a conexão de equipe tem vantagens adicionais que agregam valor significativo. Primeiro, ela incentivará seus funcionários a reconhecer, articular e compartilhar as habilidades que podem ser ensinadas, bem como suas necessidades de desenvolvimento. Nesse âmbito, ritualizar o compartilhamento de habilidades ajudará os membros da sua equipe a aceitarem e até apreciarem as diferenças de cada um. Em seguida, permitirá que eles tomem as rédeas de seu próprio aprendizado — e dos outros. Por fim, aumentará a confiança e a coesão de grupo, responsabilizando as pessoas por aproveitarem sua expertise para ajudar os colegas a melhorarem.

Criar rituais como um caminho para o desenvolvimento colaborativo requer a compreensão do que motiva os indivíduos com compõem suas equipes. Esse entendimento é possível por meio do diagnóstico descrito neste capítulo e no capítulo anterior, sobre a conexão de funcionários, e do alcance proativo, como pesquisas e coleta de dados. Mesmo assim, é muito mais provável que a prática seja bem-sucedida se o seu ambiente de trabalho tiver menos camadas burocráticas e os funcionários forem incentivados — implícita e explicitamente — a serem transparentes sobre seus pontos fortes e suas vulnerabilidades.

Para começar, apresente estas ferramentas prontas para uso (disponíveis integralmente a partir da página 228) a seus colaboradores como uma forma de desenvolver a conexão de equipe:

FERRAMENTAS PARA DESENVOLVER A CONEXÃO DE EQUIPE

- *Avaliação dos Fatores de Motivação da Equipe* — A lista dos cinquenta valores que normalmente motivam os funcionários no trabalho o ajudará a iniciar uma avaliação de toda a equipe.

- *Guia para Criar Confiança Mútua em Equipes* — As checklists e os infográficos ajudarão você a identificar e promover características e comportamentos de liderança que desenvolvem uma equipe inclusiva.

- *Modelo de Cartão para Funcionários* — Este exercício ajuda a aumentar a conscientização e a abertura em relação às diferenças pessoais, pois os funcionários preenchem cartões que mostram seus pontos fortes, áreas de desenvolvimento, motivações e experiências e os compartilham com o restante da equipe.

SUMÁRIO EXECUTIVO

- Os gerentes conectores formam a conexão de equipe ao criar um ambiente no qual os funcionários se sentem à vontade para apoiar e aprender uns com os outros.

- Os gerentes conectores *usam fatores de motivação para ajustar o ambiente de equipe*. Eles se esforçam para entender o que motiva suas equipes e personalizam suas abordagens de gerenciamento em direção a objetivos comuns.

  Anita Karlsson-Dion, da IBM, realiza sessões virtuais nas quais aprende sobre as motivações e preocupações dos funcionários para entender o que, como líder, pode fazer de diferente.

- Os gerentes conectores *identificam e aceitam as diferenças*. Eles incentivam os membros da equipe a compartilharem opiniões, bagagens e experiências distintas para gerar confiança, desenvolver novas habilidades e alcançar melhores resultados.

  Mike McGraw, treinador do Blue Devils, desenvolveu uma conexão de equipe em seu time de futebol multicultural, criando grupos "misturados" que combinavam habilidades dentro do grupo.

- Os gerentes conectores *ritualizam o compartilhamento de habilidades entre colegas*. Eles incentivam os membros da equipe a ajudarem seus pares a se desenvolverem por meio do compartilhamento de informações aberto.

  O professor Michael O'Leary, da Universidade de Georgetown, faz com que os alunos de sua aula de negócios preencham cartões mostrando seus pontos fortes, áreas de desenvolvimento e experiências para criar consciência mútua sobre as habilidades singulares dos membros da equipe em projetos de grupo.

CAPÍTULO 6

A Conexão de Organização: Garanta *a Qualidade* — Não Apenas *a Quantidade* — das Conexões

Uma conexão invisível é mais poderosa do que uma visível.[1]
— *Heráclito de Éfeso, filósofo grego*

No perfil de Patrick Brossard no LinkedIn, podemos ver que, em toda a sua carreira na IBM, ele passou por dezoito funções diferentes na França e nos Estados Unidos.[2] Naquela época, trabalhou em colaboração direta com centenas de funcionários da empresa e formou inúmeras conexões profissionais e sociais. Ele também participou de muitos dos grupos de networking da IBM destinados a reunir funcionários em torno de problemas pessoais e profissionais em comum. No entanto, assim como qualquer pessoa que tenha participado de algum tipo de networking, tanto social como profissional, ele sabe que nem todas as redes e conexões são produtivas. Na verdade, algumas dessas experiências podem parecer uma perda de tempo para ambas as partes. Então, o que torna uma conexão útil? Como garantir que suas conexões o ajudem no desenvolvimento e no aprendizado? E como as pessoas podem identificar e acessar contatos externos à sua rede estabelecida que sejam mais qualificados para ajudá-las a se desenvolverem?

Em 2016, diversos fatores levaram Brossard a pensar muito sobre essas questões e desenvolver uma plataforma que ajudasse os IBMistas (termo da IBM para seus funcionários) a obterem maior valor de desenvolvimento em suas conexões dentro da empresa. Na época, Brossard gerenciava um grupo responsável pelo suporte à equipe de vendas da IBM para Europa, Oriente Médio e África (EMEA). Sua equipe criou ferramentas e treinamentos virtuais para conduzir implementações bem-sucedidas de tecnologia de vendas. Mas, apesar disso, Brossard descobriu que os vendedores ainda procuravam diretamente os especialistas em sua equipe para obter treinamento e orientação adicionais sobre como usar as novas tecnologias de vendas.

Essa prática sobrecarregava demais a equipe, pois os vendedores buscavam orientação a qualquer hora do dia e da noite. Além disso, Brossard enfrentou alguns desafios de desenvolvimento específicos com membros de sua própria equipe. Por exemplo, alguns de seus funcionários nativos da língua francesa precisavam se comunicar com vendedores de países de língua inglesa e tinham dificuldade para entender todos os diferentes sotaques. Como o francês também era sua língua nativa, Brossard não conseguia fornecer a orientação e o treinamento diferenciados de que precisavam. Ele também tinha que trabalhar em suas próprias necessidades de desenvolvimento, porém, seu gerente e sua rede existente não eram particularmente especialistas nas áreas em que precisava de ajuda.

Enquanto encarava esses desafios, um dos colegas de Brossard tentava agendar uma consulta médica. O colega estava usando uma plataforma de agendamento para encontrar o horário mais conveniente. De acordo com Brossard: "Quando vi aquilo, tive uma ideia. Pensei: 'e se tivéssemos uma plataforma que pudesse conectar a oferta à procura por desenvolvimento de habilidades e, ao mesmo tempo, desse ao treinador a oportunidade de estar no controle?'"

Foi assim que ele teve a ideia de criar um mercado de treinamento na IBM, no qual as pessoas pudessem encontrar treinamento aplicado por indivíduos dispostos e aptos a fornecê-lo.

Atualmente, qualquer colaborador da IBM pode acessar a plataforma de treinamento (chamada Coach Me), pesquisar por local, disponibilidade, área de especialização, idioma ou unidade de negócios do funcionário e agendar uma ou mais sessões com um treinador. Os treinadores informam suas habilidades, seus conhecimentos e seus horários disponíveis. A qualidade do treinamento é controlada por princípios comuns a qualquer mercado: oferta e procura. Se o treinamento recebido for útil, aumentará a demanda e os funcionários retornarão à plataforma para obter mais informações, ou divulgarão o valor da experiência pelo "boca a boca". No final de 2018, a Coach Me tinha 70 mil usuários e 9.500 treinadores.

A equipe de Brossard pôde usar a plataforma Coach Me para fornecer treinamento aos vendedores em horários determinados que fossem mais convenientes. Seus subordinados diretos que precisavam de ajuda em inglês agendaram sessões com treinadores da Escócia, Estados Unidos, Inglaterra e Austrália. E o próprio Brossard conseguiu se conectar com outros treinadores experientes em gerenciamento para receber a ajuda de que precisava em suas próprias necessidades de desenvolvimento.

A conexão de organização não se resume a gerentes criando grandes plataformas de conexão baseadas em tecnologia, mas a história de Brossard demonstra o incrível valor advindo do modo como gerentes direcionam seus funcionários às conexões de desenvolvimento mais adequadas. O mercado de treinamento criado por Brossard começou com uma ideia simples: *às vezes, as conexões de desenvolvimento mais adequadas não estão disponíveis nas cadeias de subordinados diretos, nas equipes ou nem mesmo nas redes profissionais e sociais de um colaborador.*

OS TRÊS MANDAMENTOS DA CONEXÃO DE ORGANIZAÇÃO

Quando falamos sobre a conexão de organização, nos referimos especificamente a interações interpessoais adequadas ou que "encaixam-se perfeitamente", fornecendo, assim, o treinamento, o aconselhamento ou o conhecimento necessário com foco no desenvolvimento de habilidades. Isso significa que a conexão possui as ferramentas ou informações ideais, e que a pessoa está disposta e é capaz de atuar como treinador. Essas conexões podem estar dentro ou fora da empresa, em parceiros ou clientes.

Embora seja comum que gerentes criem conexões de networking para seus funcionários, existem várias maneiras inovadoras pelas quais os conectores desenvolvem a conexão de organização. Primeiro, eles começam se informando melhor sobre o que seus colaboradores realmente precisam, baseando-se no investimento prévio em diagnóstico e escuta, conforme discutido no Capítulo 4. Como resultado desse trabalho inicial, as conexões que criam a favor de seus funcionários têm mais chances de atingir as necessidades de habilidades exatas. Segundo, os conectores assumem um papel ativo na construção das conexões para o desenvolvimento de habilidades. Embora os gerentes mais inclinados à abordagem líder de torcida também possam fazer conexões de treinamento para os funcionários, eles costumam considerar essa prática como uma forma de incumbir o desenvolvimento de seus subordinados diretos. Eles apenas apresentam as pessoas, enquanto os conectores são muito mais atenciosos com a qualidade das conexões de desenvolvimento. Às vezes, eles não fazem essas conexões por conta própria, mas ajudam os funcionários a encontrar suas conexões de desenvolvimento mais adequadas. Eles também preparam antecipadamente os colaboradores (e, por vezes, até as conexões) para garantir que a interação seja produtiva. Por fim, os conectores acompanham os funcionários após essa interação para ajudá-los a aplicar o que aprenderam em seus trabalhos.

Embora muitos façam conexões fora de suas equipes de trabalho, o desenvolvimento de habilidades para além da rede imediata é raramente buscado. No entanto, gerentes conectores entendem que as conexões de desenvolvimento ideais são extremamente importantes para aumentar o desempenho dos funcionários. De fato, eles ajudam seus funcionários a construírem vínculos dentro e fora da empresa para garantir melhores (não apenas mais) conexões. Ao fazer isso, os conectores seguem três regras para criar a conexão de organização (veja a Figura 12):

1. **Tornar-se cartógrafo:** Os gerentes conectores ajudam os funcionários a entenderem onde as conexões ideais podem estar, tanto dentro como fora da empresa. Isso não requer que os gerentes desenvolvam um organograma real, mas que encontrem e aproveitem os principais pontos de contato para ajudá-los a descobrir onde as habilidades são predominantes.

2. **Desenvolver rotinas de aquecimento e relaxamento:** Os gerentes conectores não simplesmente delegam o networking a seus funcionários e saem de cena. Na verdade, desempenham o papel de "treinador ativista" preparando proativamente seus colaboradores para fazer conexões e, posteriormente, ponderando com eles sobre as conexões estabelecidas.

Figura 12: A conexão de organização

3. **Moldar conexões adequadas:** Além de relacionar seus funcionários a indivíduos dentro e fora da organização a fim de promover o desenvolvimento, os gerentes conectores também são vínculos que criam mecanismos para ajudar outras pessoas a encontrar conexões adequadas.

Ao longo deste capítulo, exploraremos cada um desses mandamentos e analisaremos as melhores práticas para construir a conexão de organização.

1. TORNAR-SE CARTÓGRAFO

Se você leu alguma publicação de negócios, ciência ou tecnologia nos últimos anos, provavelmente se deparou com manchetes como A *Inteligência Artificial Criará Novos Tipos de Trabalho*; *Como a Análise de Dados Pode Transformar seus Negócios*; ou *Robôs Podem Substituir Quase um Terço da Força de Trabalho dos EUA até 2030*.[3] É evidente que a digitalização está transformando o trabalho e a vida das pessoas. Ainda que algumas empresas e trabalhadores tenham adotado novas habilidades, tecnologias e processos de trabalho, ainda há muitos que enfrentam dificuldades para acompanhar essa tendência. Em uma pesquisa global da Gartner realizada com quase 6 mil funcionários, a maior necessidade relatada foi "melhor qualificação" como resultado da digitalização.[4] À medida que estudamos o impacto da digitalização sobre os funcionários como parte de nossa própria pesquisa, descobrimos que existem três mudanças em habilidades fundamentais acontecendo atualmente.

A primeira está nas *habilidades emergentes,* que dizem respeito às habilidades relativamente novas para a maioria das pessoas no mercado de trabalho, como robótica, inteligência artificial, análise de dados ou qualquer outra propensa a estampar as manchetes. A segunda mudança se refere às *habilidades em evolução*. Essas habilidades não são novas para a maioria dos funcionários, mas a maneira como são aplicadas hoje é provavelmente diferente daquela praticada no passado. Por exemplo, há décadas, a colaboração tem sido uma habilidade primordial em muitas empresas, mas, atualmente, a colaboração virtual e global se mostra diferente da realidade de vinte anos atrás. A terceira transformação que estudamos se concentrou nas *habilidades em extinção* — habilidades que estão se tornando menos relevantes hoje, como operação de caixas registradoras, classificação manual de produtos ou habilidades de design para publicidade impressa. Uma pesquisa recente revelou que mais de 21 mil funcionários globais acreditam que, em três anos, quase 20% de suas habilidades atuais serão irrelevantes.[5]

Um dos fatores que permeia essas mudanças de habilidades é que há uma grande chance do trabalho desempenhado atualmente por seus funcionários parecer muito diferente daquele que você desempenhava anos atrás — mesmo que o cargo seja o mesmo. Em outras palavras, a maioria dos gerentes não possui todas as habilidades, experiências e conhecimentos necessários para treinar e orientar pessoalmente seus colaboradores.

Desvende Conexões de Desenvolvimento Óbvias (e Ocultas)

Os gerentes conectores agem como cartógrafos para auxiliar seus colaboradores a encontrarem as novas habilidades e o desenvolvimento de que precisam. Os departamentos de recursos humanos fornecem treinamento para ajudar os funcionários a lidar com as mudanças de habilidades já mencionadas, incluindo acesso a portais de autoaprendizagem e grupos virtuais de aprendizado. Embora esses recursos possam ser úteis, muitos funcionários os consideram desgastantes ou irrelevantes. Apenas 34% dos funcionários acreditam que o desenvolvimento autônomo é eficaz.[6]

Ao longo de nossa pesquisa, conversamos com muitos líderes de empresas que relataram suas experiências em implementações de ferramentas de desenvolvimento autônomo. Na maioria dos casos, milhões de dólares foram gastos e o aproveitamento foi elevado nos primeiros três meses, mas caiu acentuadamente quando os funcionários perderam o interesse. Nosso exemplo favorito é de uma empresa asiática de serviços financeiros que investiu milhões de dólares em um portal no qual os funcionários escolhiam cursos de acordo com seus interesses e necessidades percebidas. Após análises

A CONEXÃO DE ORGANIZAÇÃO... *157*

iniciais, constatou-se que havia um grande grupo de funcionários na equipe de gerenciamento de contas que dedicava seu tempo a aulas de jardinagem. Por mais que o executivo de recursos humanos estivesse satisfeito com a utilização do serviço disponível, a relevância da jardinagem como ferramenta para melhorar as habilidades relacionadas ao trabalho desses colaboradores era questionável.

Sem orientações e dados adequados, é difícil saber onde procurar pelo suporte ideal para treinamento e aperfeiçoamento profissional. Os gerentes podem não ter todas as respostas, mas os conectores agem como cartógrafos para colocar os funcionários na direção certa, ajudando-os a alcançar o nível de expertise necessário. Em nossa pesquisa, nos deparamos com conectores atuando como cartógrafos de maneiras muito fáceis de serem replicadas, mas geralmente mal aproveitadas por outros tipos de gerentes. Por exemplo, é possível desempenhar um papel mais ativo ao ajudar os funcionários a encontrarem o treinamento de que precisam em determinadas habilidades, usando as tecnologias existentes na organização, assim como Patrick Brossard fez ao inventar o Coach Me.

A eficácia dos portais de autoaprendizagem melhora muito com as orientações personalizadas fornecidas pelos conectores. Mesmo que sua organização não possua tecnologia própria, os gerentes podem aproveitar recursos públicos, como o LinkedIn, no qual os indivíduos listam suas habilidades e seus conhecimentos para ajudar os funcionários a localizar especialistas. O ponto principal é que os conectores orientam seus colaboradores não apenas em direção às conexões óbvias, mas também as menos evidentes que são mais relevantes.

Mesmo sem tecnologia, os conectores usam seu conhecimento organizacional para conectar ativamente os funcionários às habilidades e ao treinamento ideais. Às vezes, as conexões de desenvolvimento menos óbvias são as mais úteis. Por exemplo, na maioria das empresas, principalmente para o desenvolvimento de habilidades, os departamentos de recursos humanos e de tecnologia da informação (TI) raramente estabelecem parcerias frequentes para além da implementação do sistema informatizado de recursos humanos (SIRH). No entanto, um líder de RH de uma empresa que atendemos no Canadá conecta sua equipe aos funcionários de TI e de inteligência empresarial. Como resultado dessas conexões, os funcionários de RH se reúnem regularmente com profissionais dessas funções adjacentes para aprender novas habilidades que podem ser aplicadas em seu trabalho.

Amplie Seu Mapa

As habilidades que os funcionários precisam nem sempre estão dentro da organização. Esse é um problema particularmente comum para os gerentes de pequenas empresas. Ainda assim, você pode se tornar um cartógrafo ao orientar seus funcionários à busca de habilidades e treinamento fora da empresa. Foi assim que Pranav Vora, fundador e CEO de uma marca de roupas masculinas, decidiu preencher uma lacuna de habilidade crucial em sua empresa.

Vora teve a ideia de abrir uma empresa de roupas quando trabalhava como consultor. Ele comprava de uma marca comum de camisas sociais masculinas, mas infelizmente nenhuma delas se ajustava perfeitamente ao seu corpo. O tecido sobrava nas laterais, as mangas eram largas e as costuras dos ombros caíam de maneira desfavorável. Ele percebeu que muitos de seus colegas de trabalho do sexo masculino enfrentavam os mesmos problemas de ajuste com as camisas sociais que usavam, o que o fez maquinar a ideia. Vora finalmente lançou uma empresa que encarava o vestuário masculino de forma completamente diferente — com tamanhos baseados em tipos de corpo. Após dez anos, a empresa de Vora, chamada Hugh & Crye, cresceu exponencialmente. Ele possui quinze funcionários responsáveis pela venda não apenas de camisas, mas também camisetas, blazers e acessórios masculinos. Embora ele tenha orgulho do crescimento e da evolução da empresa, sua operação enxuta limita a aquisição de recursos e habilidades. Consequentemente, Vora tem parceiros para funções de back office, como fornecimento de vestuário, produção, armazenamento, atendimento, contabilidade e finanças. De forma ainda mais interessante, ele também conta com parceiros para funções de front office, como publicidade, conteúdo e marketing de mídias sociais. No início, ele não considerava recorrer a seus parceiros para ajudar no desenvolvimento dos funcionários até perceber uma necessidade específica em um membro de sua equipe.

Contratado como gerente de marketing digital, esse funcionário não possuía experiência em e-commerce, mas tinha conhecimento suficiente para logo se tornar parte integrante do crescimento e da cultura da empresa. No entanto, após seu primeiro ano, Vora percebeu que o colaborador estava estagnado em sua função. Nas palavras de Vora: "Estávamos fazendo mais do mesmo, em vez de tentar coisas novas e assumir riscos — práticas que nos renderam grande sucesso. Assim como acontece nas equipes reduzidas, talvez você não tenha mais ninguém com quem aprender e continuar se desenvolvendo dentro da sua área." Vora percebeu que muitos de seus parceiros externos poderiam ser fontes ideais para o desenvolvimento de habilidades desse funcionário. "Perceber que eu era responsável por esse colaborador, mas não precisava ser a fonte de todo o seu treinamento e desenvolvimento, foi libertador", disse.

Vora encaminhou esse funcionário para as três seguintes fontes distintas, às quais ele se refere como terceiros benevolentes:

- *Empresas semelhantes* — Vora abordou empresas semelhantes em sua rede que possuíam uma das quatro características: estavam no mesmo setor (por exemplo, varejo/e-commerce), na mesma região, seguiam uma orientação similar (B2C, em vez de B2B) ou se encontravam no mesmo estágio de crescimento (por exemplo, startup).

- *Parceiros de negócios tecnológicos* — Vora pediu aos seus parceiros de aplicativo e tecnologia que separassem algum tempo para atuar como treinadores e orientar seu funcionário sobre técnicas de marketing digital. Ele descobriu que eles estavam mais do que dispostos a ajudar. Como parceiros de negócios sendo pagos por um serviço ou produto, eles torciam para que sua empresa prosperasse.

- *Clientes* — Vora aproveitou a conexão emocional que os clientes costumam ter com pequenas empresas de nicho — eles desejam o melhor para as marcas nas quais confiam. Por exemplo, ao conhecer seus clientes, ele descobriu que vários tinham diversas habilidades e áreas de expertise relevantes que estavam mais do que dispostos a compartilhar para ajudar seus funcionários a terem sucesso.

Como resultado dessas conexões de desenvolvimento adequadas, o colaborador adquiriu uma visão mais abrangente de como pensar nos gastos com mídia paga em marketing digital. Ele também conseguiu redefinir a estrutura futura de marketing digital da Hugh & Crye, com parâmetros de referência para desempenho e novas ideias de estratégias.

Quando cartógrafos buscam conexões com clientes fora da empresa, isso pode beneficiar tanto os clientes quanto os funcionários. Ainda que uma empresa do porte da IBM possua uma riqueza interna de habilidades e conhecimentos, Stuart Asbury, diretor de programa para suporte mundial ao cliente de nuvem em Londres, optou por buscar a conexão adequada para um de seus funcionários fora da empresa. Assim como Vora na Hugh & Crye, Asbury percebeu que precisava procurar uma rede adjacente para encontrar o treinamento ideal para seu funcionário.

O funcionário em questão desempenhava um papel de atendimento ao cliente, mas não tinha muitas oportunidades de interações presenciais. Felizmente, Asbury tinha contato com um cliente de Londres em um grande banco, quem ele acreditava ser a conexão perfeita para seu funcionário. Ele sabia que, se pudesse reunir os dois, o cliente se abriria sobre suas necessidades e como a IBM poderia ajudá-lo, e o funcionário se sentiria à vontade para fazer perguntas e construir um relacionamento com ele. Nas palavras de Asbury: "Eles estão na mesma cidade, mas nunca pensariam em fazer essa conexão. Meu gerente se beneficiou extremamente ao pensar fora da caixa por sua própria equipe e ao aprender novas informações que não conseguiria em outro lugar."

Asbury pensou com cuidado sobre qual cliente poderia ajudar seu funcionário a aprender e crescer — de forma que o cliente também fosse beneficiado. Em algumas profissões, a interação com o cliente é apenas mais uma parte do trabalho, mas os conectores têm a intenção de possibilitar que seus funcionários obtenham valor de desenvolvimento das conexões internas e externas.

2. DESENVOLVER ROTINAS DE AQUECIMENTO E RELAXAMENTO

Quando Stuart Asbury faz conexões para seus funcionários, seu trabalho não se resume a apresentá-los e se desvincular da situação. Ele se torna um treinador ativista para ajudar seus funcionários a aproveitarem ao máximo a conversa. Parte de seu processo é o que ele chama de "abordagem de encontro relâmpago". Asbury incentiva seus funcionários a absorverem o máximo que puderem de cada interação, fazendo uma série de perguntas curtas sobre quem são, sua bagagem, suas dificuldades, seus interesses e qualquer outra coisa relevante que auxilie o desenvolvimento de necessidades específicas. Mas a parceria de Asbury com os funcionários não termina por aí. Ele também garante que as interações sejam produtivas e que os funcionários as usem para aprender e crescer. Com isso em mente, ele senta com seus funcionários após essas interações de networking e pergunta especificamente o que aprenderam e como pretendem utilizar as informações no futuro.

Pranav Vora também leva a sério seu papel no "aquecimento" e no "relaxamento" de seus funcionários na obtenção das conexões de desenvolvimento adequadas. Semelhante à abordagem de encontro relâmpago de Asbury, o treinamento ativista de Vora inclui preparar seus funcionários para *fazer perguntas de alto nível e liderar com curiosidade*. Ele discute os resultados desejados antecipadamente e faz brainstorming de diferentes perguntas que seus colaboradores podem fazer para atingi-los. Vora também realiza um *follow-up* após cada conversa para *identificar momentos decisivos e agregá-los*. Ele trabalha com os funcionários para identificar suas "epifanias" e o que sua empresa deve fazer de modo diferente como resultado do aprendizado. Em outras palavras, ele obtém o valor integral de desenvolvimento de cada interação, considerando as conexões uma mercadoria preciosa que pode ajudar seu negócio a prosperar.

Ao longo de nossa pesquisa, descobrimos que poucos gerentes dedicam tempo e espaço a essas importantes rotinas de aquecimento e relaxamento. No entanto, os conectores cumprem sua função de treinadores ativistas ao garantir que seus funcionários aprendam com as conexões, preparando-se antes de cada interação e obtendo o consequente aprendizado. Como gerente, não basta simplesmente estabelecer uma conexão e deixar que a mágica do desenvolvimento aconteça por conta própria. Pode ser que isso ocorra às vezes, mas os funcionários aprenderão mais com a preparação prévia e com a reflexão e a aplicação posteriores.

Além disso, ao trabalhar em estreita colaboração com os funcionários nas experiências de pré e pós-conexão, os gerentes são capazes de manter um certo envolvimento e orientação no aprendizado adquirido. Para muitos gerentes disponíveis e professores, um dos aspectos mais desafiadores da conexão de organização é a libertação do controle, necessária ao admitirem que outra pessoa é mais adequada ao desenvolvimento de seus funcionários. Ao associar-se a seus colaboradores, preparando-os para a conversa de conexão da organização e ajudando-os a obterem e aplicarem o aprendizado, você desempenha um papel fundamental em seu desenvolvimento.

Amplie o Desenvolvimento dos Treinadores Ativistas

Em nossa pesquisa, encontramos uma grande empresa multinacional de serviços financeiros que institucionalizou as atividades de preparação e reflexão adjacentes às conexões de organização. Sua equipe de RH fornece um conjunto de ferramentas para ajudar os gerentes a fazerem conexões mais eficazes entre empresas, às quais se referem como "entrevistas de eventos de aprendizagem".

Primeiro, a equipe de RH ajuda os gerentes a identificar as conexões de desenvolvimento mais adequadas. Muitas pessoas confiariam apenas na função ou nas experiências de um contato. No entanto, a empresa dá um passo à frente garantindo que as conexões sejam realmente as *mais adequadas*. O principal critério é que o parceiro de networking tenha *demonstrado* expertise na área em que se busca o treinamento. Especificamente, a equipe de RH ajuda os gerentes a identificarem indivíduos:

- conhecidos por serem eficientes na função (com um histórico de sucesso);

- nos quais o gerente ou outros têm notado recentes demonstrações de sucesso em um evento crítico relacionado à sua principal área de desenvolvimento; e

- cujo sucesso observado seja relevante para suas funções e responsabilidades.

Em seguida, a empresa fornece guias de reflexão e aplicação para os gerentes usarem com seus funcionários antes, durante e depois da conversa de desenvolvimento. É recomendado que os gerentes preparem seus funcionários, definindo expectativas claras para os objetivos da conversa e um cronograma das conversas de desenvolvimento e discussões de *follow-up*.

A empresa também orienta os gerentes a ajudarem seus funcionários no direcionamento de suas interações às necessidades específicas de desenvolvimento, fazendo uso de um conjunto de perguntas que abordam áreas como "mecânica do comportamento, fontes de apoio, experiências, suposições e barreiras". O objetivo é que o funcionário descubra as principais causas que acarretam um desenvolvimento eficaz por meio da conexão de organização. Curiosamente, a empresa descobriu um benefício adicional dessas perguntas específicas — a reflexão dos colaboradores sobre o que os levou ao sucesso aumentava a probabilidade de as conexões se repetirem e melhorarem seus próprios comportamentos.

Por fim, os gerentes usam guias de reflexão fornecidos pela empresa para ajudar os funcionários a identificarem o que aprenderam durante as conversas de desenvolvimento, particularmente auxiliando-os a entender como aplicar esse aprendizado a suas rotinas de trabalho. O progresso dos colaboradores é monitorado com base em medidas concretas de eficácia e prazos aprovados pelos gerentes e pelos funcionários antes da conversa de conexão de organização.

Embora haja variação nas maneiras pelas quais gerentes e funcionários utilizam essas ferramentas, os guias facilitam que mais gerentes se tornem treinadores ativos e criem conexões de organização mais adequadas.

3. MOLDAR CONEXÕES ADEQUADAS

Além de estabelecer conexões de desenvolvimento dos funcionários, os conectores se empenham em atuar como treinadores ideais para os outros e encontram o treinamento de que eles mesmos precisam para desenvolver suas próprias habilidades. É verdade que a maioria tem prazer em falar sobre seus êxitos e compartilhar seus conhecimentos com outras pessoas, mas a autoconsciência, a transparência e a vontade de dedicar seu tempo a fornecer treinamento aos outros dentro e fora de suas empresas são aspectos que integram a singularidade dos conectores.

Como tenente do Exército dos EUA, Ryan Daly enfrentou uma terrível expedição de quinze meses no Iraque. Lá, a equipe de Daly vivia sob ameaças constantes de ataques inimigos, bombas na estrada e dispositivos explosivos improvisados.[7] Com apenas 23 anos, Daly perderia vários colegas de equipe antes de terminar sua missão. Ele explica: "Perdi quatro homens em quinze meses, e cada um deles havia se esforçado para suprir as lacunas deixadas pelo companheiro de equipe anterior."[8]

Compartilhar essas histórias nunca é fácil para Daly. "Isso traz de volta muitas emoções sobre liderança, vida e perda", diz.[9] Depois de deixar as Forças Armadas e ingressar na faculdade de administração, Daly percebeu que, ao compartilhar essas experiências com outros veteranos que retornavam de suas missões, poderia ajudá-los na transição para novas carreiras. A princípio, ele pensou em criar um documento com perguntas frequentes sobre carreira para compartilhar com os veteranos, mas decidiu não fazê-lo,[10] pois sua intenção era proporcionar aconselhamento personalizado. Assim, disponibilizou seu tempo para conversas particulares de treinamento profissional. Em suas palavras: "Quanto mais deixo os outros participarem dessas experiências e lições, mais posso retribuir como líder de equipe e maior é a minha recompensa."[11]

O modelo conector não funcionará sem as conexões mais adequadas, que estão dispostas e aptas a dedicar seu tempo em treinamento de indivíduos de fora da sua equipe imediata. Se você for o mentor de alguém, pode concluir naturalmente que já está desempenhando esse papel. Muitas organizações têm programas de mentoria nos quais indivíduos são pareados a alguém de fora de sua equipe, geralmente para obter treinamento e orientação geral de carreira. No entanto, as conexões de desenvolvimento mais adequadas feitas pelos conectores parecem diferentes das relações entre mentor e aprendiz, já que são voltadas às necessidades de desenvolvimento específicas e o conector desempenha uma função muito mais ativa para garantir que o aprendizado aconteça.

Por mais generosos que sejam por dedicar seu tempo ao treinamento, os conectores percebem que muitas vezes não há tempo suficiente em uma semana para ajudarem todos que precisam. Por esse motivo, eles estabelecem limites a fim de evitar promessas que não podem cumprir. À medida que mais e mais veteranos descobriam a generosidade de Ryan Daly com o treinamento profissional, ele lutava para acompanhar o volume de pedidos que recebia. De fato, durante sua transição da faculdade de administração para um emprego no setor de publicidade no Google, ele fazia quase cem sessões de conversas por mês.[12] Daly queria continuar oferecendo sua experiência em treinamento, mas estava se sobrecarregando.

Para lidar com a alta demanda por seu tempo de treinamento, ele organizou um encontro semanal na plataforma Google Hangouts.[13] Quando os veteranos enviavam perguntas sobre a carreira, ele compartilhava um link da conferência daquela semana. Esse sistema possibilitava que continuasse oferecendo conselhos profissionais personalizados para pequenos grupos, reduzindo significativamente o tempo que dedicava semanalmente.[14] *Ele poderia continuar o treinamento sem se sobrecarregar.*

Hoje, quando a pressão para ser um gerente disponível se torna intensa, fornecer treinamento e desenvolvimento a funcionários não relacionados diretamente a você pode parecer uma atividade dispensável. No entanto, se você for um aspirante a conector ou quiser cultivar mais conectores em sua empresa, saber quando atuar como treinador é uma peça fundamental do quebra-cabeça. Com isso em mente, desenvolvemos as seguintes diretrizes especificamente para ajudá-lo a priorizar seu tempo:

- **Ofereça treinamento de acordo com sua expertise comprovada.** Como já mencionado, os conectores são autoconscientes. Eles expõem com facilidade seus pontos fortes e áreas de desenvolvimento. Se um funcionário solicitar treinamento em uma área na qual você não possui capacidade comprovada, o indicado é recusar educadamente a conexão e ser honesto sobre o motivo. Alguns líderes e gerentes tendem a aceitar todas as conexões, mas você deve concentrar seu tempo apenas nas mais adequadas. Caso contrário, indique alguém que você acha que poderia melhor atender às necessidades do colaborador.

- **Defina e siga sua programação de treinamento.** As sessões semanais de treinamento realizadas por Daly o ajudaram a deliberadamente reservar seu tempo disponível, em vez de se sobrecarregar com o crescente fluxo de solicitações. Mesmo que não utilize uma ferramenta ou plataforma, defina limites pessoais e identifique os horários em que poderá fornecer treinamento e orientação, avisando as outras pessoas para que se ajustem à sua programação.

- **Crie conexões adequadas por meio do treinamento.** Se você possui uma habilidade requisitada ou uma experiência única, pode ser que receba inúmeras solicitações de treinamento. É muito bom ser considerado um especialista, mas isso também pode se tornar insustentável e consumir muito tempo. Esclareça para seus aprendizes que eles precisam fornecer o mesmo tipo de serviço a outras pessoas no futuro. Depois que se sentir seguro de que o seu treinamento possibilitou que outros aprendessem novas habilidades, você pode indicá-los como novas conexões de organização. Ao concluírem o processo, eles podem ter melhores condições do que você para ensinar essa mesma habilidade.

FAÇA VOCÊ MESMO: A CONEXÃO DE ORGANIZAÇÃO

Perceber que o trabalho que seus funcionários desempenham hoje parece muito diferente do que aquele que você fazia no passado pode ser uma surpresa desagradável — mesmo que seja o mesmo cargo. Em outras palavras, você não dispõe de todas as habilidades e experiências para treinar sua equipe. É justamente por isso que a conexão de organização é tão genial: ela potencializa sua capacidade de intermediar e providenciar interações entre pessoas de dentro ou de fora da empresa para relacionar funcionários com conexões de treinamento mais adequadas ou ideais.

Como observamos nos exemplos de conectores deste capítulo, você pode atuar como cartógrafo para impulsionar os funcionários em direção a fontes e networking. Embora a abordagem do cartógrafo seja amplamente mal aproveitada por aqueles que não são conectores, ela é sem dúvida um caminho simples de seguir. Além de sua própria rede profissional, você pode utilizar as tecnologias que já existem na empresa ou (em alguns casos) criá-las, como Brossard fez com a plataforma Coach Me.

No entanto, você não pode simplesmente sugerir uma conexão para os funcionários e sair de cena. Muitas vezes, as conexões de desenvolvimento ideais não estarão dentro de sua cadeia de subordinados diretos, equipes ou até mesmo redes sociais e profissionais conhecidas. É preciso desempenhar o papel de "treinador ativista", preparando proativamente seus funcionários para se conectarem com outras pessoas — incluindo clientes e outras partes interessadas — e refletindo juntos sobre a conexão realizada.

Será mais fácil construir a conexão de organização se o seu local de trabalho estiver aberto ao treinamento entre empresas, bem como ao compartilhamento de habilidades que vai além dos limites da instituição. Ademais, seus funcionários estarão mais aptos a fazer novas conexões — e, em algum momento, *se* tornarem treinadores ideais — se perceberem que você não apenas fornece treinamento de forma adequada, mas também o utiliza ativamente para gerenciar suas próprias necessidades de desenvolvimento.

FERRAMENTAS PARA DESENVOLVER A CONEXÃO DE ORGANIZAÇÃO

- *Guia de Preparação e Reflexão para Conversas de Desenvolvimento* — Como parte do estabelecimento de conexões por toda a organização, as perguntas desta ferramenta simples (disponível na página 233) fornecerão um modelo básico que poderá ser usado em conversas de treinamento com funcionários.

SUMÁRIO EXECUTIVO

- Quando seus subordinados diretos precisam de treinamento em áreas além de sua expertise, os conectores os encaminham a treinadores de dentro e fora de suas empresas, que são mais indicados para fornecer o treinamento, aconselhamento ou conhecimento necessário.

  Patrick Brossard, da IBM, criou o aplicativo Coach Me para conectar funcionários às melhores conexões de treinamento em praticamente qualquer habilidade de outras partes da empresa.

- Gerentes conectores *tornam-se cartógrafos*. Eles aproveitam seu networking dentro e fora de suas empresas a fim de identificar as conexões certas para atender às necessidades de desenvolvimento de seus funcionários.

  Pranav Vora, da Hugh & Crye, entra em contato com colegas do setor de vestuário, parceiros de empresas de tecnologia e clientes (terceiros benevolentes) para que seus funcionários recebam treinamento em suas áreas de desenvolvimento de habilidades.

- Os conectores *desenvolvem rotinas de aquecimento e relaxamento*. Eles ajudam os funcionários a aproveitarem ao máximo as conversas de desenvolvimento, auxiliando-os a se prepararem previamente e a refletir após a conversa.

  Stuart Asbury, da IBM, usa uma abordagem de "encontro relâmpago". Ele prepara seus funcionários para fazer boas perguntas em conversas de treinamento e realiza um *follow-up* para saber o que aprenderam.

- Os conectores *moldam as conexões mais adequadas*. Além de treinarem seus próprios membros da equipe, eles oferecem treinamento ideal para os subordinados diretos de outros gerentes.

  Conectores como Ryan Daly são generosos por oferecer treinamento aos outros, mas também encontram maneiras de torná-lo mais escalável e eficiente.

CAPÍTULO 7

Criando uma Empresa Conectora

Bons regentes sabem quando deixar uma orquestra se conduzir por conta própria.[1]
— *Joshua Bell, violinista*

Em termos matemáticos, "viralizar" é bem simples. Em essência, basta que alguém compartilhe um conteúdo que, subsequentemente, será compartilhado por outra pessoa e, então, por mais algumas com base em cada um desses compartilhamentos iniciais — o que torna o processo exponencial. Mas todos os tipos de comércio, especialistas, acadêmicos e até a revista *New Yorker* fizeram profundas análises para explicar esse fenômeno com detalhes sociais e psicológicos.[2] Por que somos tão obcecados por viralizar? Talvez seja porque se tornar viral gere uma *influência* online instantânea em termos de capital social e até financeiro. Quando algo viraliza, se torna imediatamente popular. O criador da ideia quase sempre contribui muito pouco para a propagação do interesse, mas a mensagem se espalha por si só, pois a ideia captura o *zeitgeist* — está fadada a ser compartilhada. E por que isso importa no trabalho? Porque se tornar viral se aplica tanto dentro quanto fora das empresas. Não é surpresa que muitos de nossos clientes da Gartner foquem a ideia de viralizar ao lançarem novas formas de trabalho ou novos aplicativos internos.

Imagine um mundo no qual o modelo conector seja um sucesso viral que todos os seus colegas queiram reproduzir. Você não precisa confiar nas suas próprias fontes nem na boa vontade de alguns colegas conectores para fazer conexões por toda empresa. Todo gerente que você conhece origina o mesmo ambiente de equipe positivo e as oportunidades de compartilhamento de habilidades entre redes. Todo o sistema opera com mais eficiência quando os gerentes são conectores. Os funcionários ficam mais engajados, aprendem mais e têm melhor desempenho. Infelizmente, não podemos esperar que o modelo conector se torne viral da mesma maneira que um vídeo impactante ou um meme fofinho. No entanto, você pode reunir os insights e as práticas conectoras recomendadas para criar um efeito viral — e duradouro — dentro da sua própria empresa.

Os benefícios de criar empresas conectoras são óbvios, mas o desenvolvimento de um ecossistema de gerentes conectores exige mais do que uma boa ideia que valha a pena disseminar. Isso demanda uma migração em massa para o modo conector de pensar e trabalhar. À medida que exploramos essa transição, precisamos recorrer não apenas aos gerentes e aspirantes a líderes que operam como conectores, mas também a profissionais de RH e líderes organizacionais capazes de implementar sistemas e processos em larga escala. Para sua campanha conectora, considere essas pessoas como gestores de fundos, diretores de comunicação e líderes comunitários. Como gerente de pessoas ou aspirante a líder, você ainda desempenhará *o* papel central na adoção do modelo conector dentro de sua empresa. Porém, este capítulo também apresentará os facilitadores que atuam nos bastidores, aqueles que ajudam a fazer com que a abordagem conectora funcione para todos.

Por um momento, analisemos a fundo para definir as expectativas: primeiro, sabemos que apenas um quarto dos gerentes são conectores.[3] Portanto, a fim de preencher essa lacuna, as empresas terão que se esforçar consideravelmente para "adquirir" ou "formar" mais gerentes desse tipo. A primeira parte deste capítulo se concentrará no elemento "adquirir" da questão: recrutamento. Fora da sua empresa, existe um mundo que possibilita uma maneira rápida e produtiva de recrutar talentos gerenciais de primeira linha; com isso, examinaremos estratégias para atrair conectores em potencial. A segunda parte se concentrará no talvez difícil, porém importantíssimo trabalho de mudar os atuais comportamentos dos gerentes, incluindo a definição de objetivos futuros, a adoção da abordagem conectora e a diversificação de suas experiências de carreira a fim de que se tornem conectores. Por exemplo, mesmo tendo aperfeiçoado o progresso de seus gerentes, ainda existe a importante questão do desenvolvimento de funcionários que você recrutará ou promoverá. Por fim, encerraremos nossa discussão explorando como o papel dos colaboradores individuais precisa de mudanças — e de melhorias — para garantir um maior desempenho e engajamento geral de todos os funcionários. Ao final deste capítulo, esperamos que essas técnicas forneçam as informações e os recursos necessários para iniciar uma transformação abrangente rumo a uma empresa conectora.

1. DESENVOLVENDO PIPELINES CONECTORES: RECRUTAMENTO E SELEÇÃO DE GERENTES CONECTORES

Considerando que conectores são uma espécie quase rara nos negócios, representantes de muitas organizações nos perguntam como podem identificá-los em processos de recrutamento e seleção. Entendemos o receio de selecionar candidatos *inadequados* para o cargo, especialmente quando tantas empresas focam a formação de gerentes disponíveis. Porém, adicionar novas vozes e novos critérios ao seu processo seletivo pode aumentar suas chances de incorporar mais conectores à sua empresa.

Alavancar Vozes Conectoras no Recrutamento

Enquanto as empresas confiam plenamente na potência de suas descrições de vagas para buscar e contratar candidatos, os próprios interessados são capazes de coletar mais informações do que nunca sobre uma empresa ou uma vaga. Com ferramentas como Glassdoor e Twitter, os candidatos têm o mundo na ponta de seus dedos quando o assunto é pesquisa. Além disso, já que o processo se tornou tão fácil, eles se candidatam a empregos que nem sabem se almejam, "apenas para ver no que vai dar". Empresas do mundo todo reagiram à necessidade de mão de obra mais capacitada ao cortejar funcionários em potencial com mais esforço, refinar e promover sua reputação como empregadora. Apesar de estarem a um clique de distância, nossa pesquisa mostra que os candidatos nem sempre sentem que as informações disponíveis são suficientes. Eles têm dificuldade em tomar boas decisões, e a parcela de candidatos recém-contratados que se arrependeram de suas escolhas de emprego aumentou quase 50% desde 2008.[4] À medida que sua empresa se esforça para atrair excelentes candidatos, você, como empregador, deve intencionalmente utilizar mensagens para orientar os interessados a tomar decisões embasadas — *mostrando realmente* a experiência conectora da qual eles farão parte.

A DSM, uma empresa de produtos químicos com sede na Holanda, adapta suas mensagens de recrutamento ao que os candidatos desejam ouvir (em vez de promover sua marca de forma chamativa). A organização explora o que os candidatos realmente querem, ao convidar funcionários do segmento de talento desejado para participar de um dia de "hackathon" de mensagens. Os recrutadores trabalham com colaboradores para criar mensagens centradas no candidato que serão capazes de atrair o talento desejado. Os participantes escolhidos começam com seu segmento de talento específico em mente e realizam um brainstorming sobre como descrever e anunciar a vaga. Ao final do hackathon, os recrutadores da DSM obtêm rascunhos do material promocional, slogans, texto de anúncio e vídeos direcionados a um segmento de talentos específico. Com base em nosso estudo quantitativo, sabemos que os conectores criam um pipeline conector orgânico dentro de suas empresas. Assim, faz sentido que esses gerentes atraiam mais conectores à organização caso se envolvam mais explicitamente no recrutamento.

A Intuit, empresa de software com sede nos Estados Unidos, é outra companhia que aprimora a eficácia de suas mensagens ao aproveitar os funcionários disponíveis não apenas para obter insights de conteúdo, mas também para que sejam pontos de contato imediatos para candidatos. Quando os líderes de aquisição de talentos da Intuit precisaram ajustar sua estratégia de recrutamento, a fim de se adaptarem às mudanças de demandas tecnológicas e de recursos, eles decidiram adotar uma abordagem na qual os líderes empresariais teriam maior influência na contratação de determinadas funções. A Intuit decidiu criar um ecossistema de talentos para incluir o maior número da força de trabalho em sua estratégia de recrutamento.

Ao fazer parcerias com líderes empresariais, parceiros de diversidade, grupos de recursos para funcionários, equipes de análise de dados e parceiros externos, os líderes de aquisição de talentos conseguem identificar perfis ideais e engajar uma rede de candidatos adequados para cargos futuros. A Intuit promove eventos nos quais esses profissionais podem se conhecer e aprender mais sobre as carreiras com os funcionários da empresa, o que mantém esses candidatos em potencial interessados nas oportunidades de trabalho. Os líderes de aquisição de talentos preservam a participação de funcionários e líderes da Intuit nos programas para avaliar o alinhamento dos candidatos aos valores da empresa, o nível de talento nas redes e as possíveis maneiras pelas quais as redes de talentos podem evoluir no futuro. Nesse caso, os funcionários da empresa se tornam fontes valiosas de informação e conhecimento para os candidatos. Embora a Intuit possa estar à procura de candidatos para funções técnicas difíceis de serem preenchidas, aproveitar os conectores como pontos de contato em possíveis novas contratações é uma "conquista" evidente na prospecção de diversos cargos, incluindo os gerenciais. Isso pode fornecer uma noção acerca da possibilidade de um candidato ter ou não atributos ou potencial para se tornar um conector.

Identifique Qualidades Conectoras nos Candidatos a Gerente

Sem dúvidas, atrair e selecionar candidatos a conectores — interna ou externamente — se torna mais fácil a partir do uso das estratégias já destacadas. Mas isso nem sempre é tão simples. Por um lado, ao avaliar a abordagem correta para o desenvolvimento de gerentes *já existentes* com qualidades conectoras, talvez seja necessário enfatizar um conjunto de competências. Por outro lado, quando se trata do processo de contratação externa, você pode priorizar uma combinação diferente. De fato, Steve Howell mudou a típica descrição de cargos em sua grande empresa de jogos depois de participar da pesquisa conectora.

Assim como mencionado no Capítulo 5, quando começou a procurar por um novo chef para a cozinha do hotel de Joanesburgo, Howell nos disse: "Temos um programa chamado Targeted Selection [Seleção Direcionada, em tradução livre], no qual elaboramos perfis (de candidatos promissores). Nesse processo, criamos um perfil e, então, dissemos: 'Vamos mudar completamente o típico perfil de chef executivo.' Foi assim que encontramos a pessoa conectora." Ainda que essa abordagem tenha sido extrema, funcionou maravilhosamente bem para Howell, que liderou sua equipe na contratação de um chef que transformou a dinâmica da cozinha.

Aqueles que buscam um conjunto de atributos mais concreto ou replicável para descrever e definir os candidatos a gerente conector devem se concentrar nas qualidades de liderança discutidas no Capítulo 3. Até agora, já vimos várias dessas características em ação nas histórias compartilhadas nos Capítulos 4, 5 e 6. Relembremos essas qualidades fundamentais de liderança dos conectores:

- *Curiosidade sobre pessoas e ideias* — Conectores realmente se interessam por entender as pessoas ao seu redor, bem como seus setores em evolução, fazendo perguntas persistentes e exibindo uma energia elevada em seu trabalho.

- *Coragem em situações desafiadoras* — Conectores agem com coragem ao seguir ideias não convencionais, abrir mão do controle sobre as situações, tomar decisões "impopulares" e fornecer feedback mais incisivo.

- *Receptividade para aprender com perspectivas diferentes* — Conectores buscam e reconhecem diferentes perspectivas para desenvolver a si mesmos e suas equipes.

- *Transparência e autoconsciência* — Conectores compreendem seus pontos fortes e fracos e os compartilham abertamente.

- *Generosidade criteriosa* — Conectores são generosos com seu tempo, mas também com seu conhecimento, seu mérito, seu poder, suas informações e sua crença nos outros.

Repetimos essas qualidades porque elas esclarecem o espírito conector e podem ajudá-lo a priorizar as que considerar mais necessárias em seu próprio negócio. À medida que você adaptar a linguagem empregada para descrever os gerentes de sucesso, desenvolverá uma definição universal mais focada em conexões ou "linguagem comum" que ilustra esse sucesso. Seja ao refazer completamente ou apenas ajustar uma descrição de vaga, vale a pena examinar as qualidades conectoras por uma perspectiva adequada ao contexto específico. Mesmo depois de definir *quais* qualidades conectoras são mais importantes, pode parecer difícil identificar em uma entrevista os atributos mais "subjetivos", como curiosidade, autoconsciência ou transparência. Assim como a maioria dos entrevistadores analisa a compatibilidade da personalidade e as habilidades interpessoais, você pode aproveitar as perguntas comportamentais para avaliar comportamentos conectores. Além do guia completo de entrevistas para gerentes conectores na página 234, estes modelos de perguntas focam qualidades comportamentais e gerenciais que ajudam entrevistadores a identificar conectores:

CRIANDO UMA EMPRESA CONECTORA   *181*

Modelos de Perguntas para Entrevistar Gerentes Conectores

<u>Comportamento</u>

- Conte-me sobre alguma ocasião na qual você solicitou treinamento ou orientação de um colega em vez de recorrer a seu gerente ou mentor oficial. Qual foi o resultado? *(Esta pergunta visa determinar se o candidato valoriza a busca por perspectivas diversas para se desenvolver.)*

- Você pode dar um exemplo de uma ocasião em que escutar ou fazer mais perguntas permitiu a descoberta de informações que mudaram seu ponto de vista? *(Esta pergunta analisa se o candidato demonstra curiosidade por pessoas e ideias.)*

<u>Gerenciando Funcionários</u>

- Conte-me sobre a equipe que você gerencia atualmente. Quais são as motivações de seus funcionários e como você as explora? *(Aqui, as respostas devem indicar que o candidato conhece cada funcionário bem o suficiente para moldar o ambiente mais amplo.)*

- Descreva uma situação na qual você percebeu que não possuía a expertise que um de seus subordinados diretos precisava aprender. O que você fez? Como o ajudou a obtê-la? *(Esta pergunta avalia a autoconsciência e a capacidade do candidato de conectar seus subordinados diretos às conexões de desenvolvimento mais adequadas.)*

Dedicar tempo às qualidades conectoras e decidir quais estão mais de acordo com as novas e promissoras funções gerenciais de sua empresa pode ser imensamente útil para seus processos de recrutamento e seleção. Use a linguagem mais precisa possível ao criar descrições de cargos, modelos de competência e guias de comportamento para entrevistas. Elaborar definições claras com antecedência resultará em candidatos e novas contratações mais consistentes, que apresentem as qualidades conectoras que você procura.

A linguagem desenvolvida para anunciar cargos gerenciais também é útil internamente, pois a construção de uma empresa conectora não se trata apenas de atrair conectores externos, também é preciso criar um consistente pipeline interno de gerentes conectores.

2. DESENVOLVENDO GERENTES CONECTORES: O QUE O TROUXE AQUI NÃO O LEVARÁ ADIANTE

"Temos mais de 3 mil gerentes, e alguns deles estão na profissão há mais de quinze anos. Refletir profundamente sobre eles e ajudá-los a ter uma percepção totalmente nova e voltada para o futuro foi um enorme desafio. Hoje, gerentes que não se desenvolvem tornam-se facilmente irrelevantes para os funcionários, assim como para os negócios."

Percebemos o alerta quando Einat Pilowsky, chefe de Desenvolvimento Gerencial Global da Amdocs, compartilhou o desafio que enfrentou ao desenvolver gerentes. A Amdocs, fornecedora de software e serviços, com um número superior a 25 mil funcionários em mais de 85 países, representa uma típica multinacional passando por constante e rápida evolução. Ao longo de muitos anos, a Amdocs mudou de uma empresa de cobrança de telefonia móvel para uma ampla firma de tecnologia. Nesse processo, os gerentes seniores foram alguns dos mais expostos às mudanças. Pilowsky afirmou que os experientes gerentes da Amdocs *achavam* que sabiam como administrar de forma eficaz, mas o contexto administrativo havia mudado fundamentalmente ao seu redor. Eles agora eram responsáveis por equipes globais virtuais, contextos distintos de trabalho, uma atividade principal diferente e um quadro de habilidades em transformação, citando alguns exemplos. A partir da ampla ideia de que "o que nos trouxe até aqui não nos levará adiante", a Amdocs começou a questionar seu modelo de gerentes de sucesso. Ela precisava se guiar por um novo norte — mas qual seria ele?

Defina Seu Norte: Seu Modelo para Gerentes de Excelência

Considerando os amplos benefícios do modelo conector, você pode se sentir tentado a se dedicar a novos programas de treinamento de conectores para seus gerentes. No entanto, implementar essa abordagem de forma "crua" ou sem mesmo considerar as normas, os hábitos e a cultura de sua organização é como entrar em uma dieta ou rotina de exercícios sem avaliar como ela se encaixará nos outros elementos da sua vida. Antes que perceba, estará levando um tapete de ioga para reuniões ou acordando às 3h para tomar uma dose de eletrólitos. Então, mais cedo ou mais tarde, você ou seus gerentes retornarão a hábitos antigos — afinal, é difícil desapegar.

Em nosso trabalho com clientes, percebemos que todas as empresas têm particularidades e precisam iniciar sua jornada conectora a partir de diferentes pontos de partida. Em algumas organizações nas quais é comum fornecer bastante orientação, treinamento e feedback, identificamos uma concentração de gerentes que tendem para a abordagem disponível ou de professor. Nesse caso, você deve aplicar a abordagem conectora como uma mudança na forma que gerentes devem despender seu tempo. Em vez de fornecerem pessoalmente todo o feedback e treinamento para seus subordinados imediatos, os gerentes devem se concentrar em diagnosticar as necessidades de seus funcionários e garantir que recebam o suporte de desenvolvimento ideal pelas fontes certas. Nas palavras de Kim Magee, ex-chefe de RH da Coca-Cola no Sudeste Asiático: "Esta é uma ótima notícia para todos os gerentes, pois basicamente diz que eles não precisam fazer tudo — podem receber ajuda."

Nesse ínterim, há várias companhias que não possuem uma forte cultura de feedback, em que os gerentes tendem a interferir menos ou a adotar uma abordagem líder de torcida. Muitos departamentos de RH dessas organizações promovem iniciativas de "treinamento contínuo", na esperança de que os gerentes entendam a mensagem e forneçam mais do que o pouco feedback que proporcionam a seus subordinados diretos. Nesse caso, é mais importante enfatizar que o feedback e o treinamento são cruciais, e os gerentes não estão isentos, pois são responsáveis por ajudar seus funcionários a obterem o desenvolvimento necessário, mesmo que não venha diretamente deles. Ainda assim, deve ser libertador saber que não é preciso insistir na abordagem de gerente disponível.

Após identificar seu ponto de partida, o próximo passo é determinar e informar o que é o sucesso para os gerentes. Uma vantagem do modelo conector é a flexibilidade e a capacidade de ajuste para atender às suas necessidades — considere primeiro como deseja que o modelo seja executado no contexto de sua empresa e, então, analise o processo de forma contrária para identificar o conjunto básico de comportamentos que os gerentes precisarão demonstrar.

Garanta a Participação de Todos os Gerentes

Einat Pilowsky sabia que o modelo de condução ao sucesso de seus gerentes exigiria uma *orientação* específica da Amdocs para realmente surtir efeito. Pode ser verdadeira a afirmação: "O que o trouxe até

CRIANDO UMA EMPRESA CONECTORA   *185*

aqui não o levará adiante", mas experiências e hábitos passados são importantes quando tenta-se mudar comportamentos.

Pilowsky percebeu que os gerentes da Amdocs precisavam redefinir sua abordagem — e isso exigiria pelo menos alguma medida de requalificação formal. Mas muitos deles não estavam interessados em ouvir palestras ou ser instruídos sobre como fazer seu trabalho — afinal, já faziam isso há décadas. O lema de Pilowsky era garantir a participação desses gerentes experientes e seus colegas de trabalho recém-chegados nessa transformação sem aliená-los. Ao analisar o desafio, considerou não apenas *quais* mensagens a Amdocs precisava compartilhar com os gerentes, mas também *como* elas fariam com que eles comparecessem ao treinamento.

Acontece que o dilema de Pilowsky é bastante comum. A maioria das companhias investe extremamente no desenvolvimento de gerentes: a construção de habilidades de liderança, treinamento e expertise estão entre as principais preocupações de um departamento de RH. Mais importante, departamentos típicos de aprendizado e desenvolvimento investem um quarto de seu orçamento anual em atividades de aprimoramento de gerentes. Apesar dessas prioridades comuns, nossa pesquisa mostra que menos de 30% do que uma pessoa aprende em treinamentos é aplicado a seu trabalho.[5] Perceber que um grande investimento como esse não gera resultados é muito frustrante para as empresas, e os gerentes se sentem da mesma forma quando participam de treinamentos que não consideram úteis. Infelizmente, não existe um canal ou método de treinamento mágico e completo que acelere universalmente a capacidade dos gerentes de se tornarem conectores. Assim como um móvel, um tipo de treinamento pode simplesmente "funcionar" melhor em um ambiente (ou contexto) do que em outro. O interessante, no entanto, é que nós *realmente* temos um insight do que motiva universalmente os gestores a aprenderem e aumenta a probabilidade de que funcionários se inscrevam em treinamento para suas funções. Enquanto a maioria dos profissionais de RH tem intenção de agradar os funcionários com seus programas, constatamos que a satisfação de um aluno não é muito importante. Funcionários não precisam se divertir em suas experiências de aprendizado. Na verdade, eles tiram maior proveito de um aprendizado com clara *"aplicabilidade na carreira"*, o que dobra a probabilidade de uma pessoa reproduzir ensinamentos do treinamento.[6] Em outras palavras, gerentes precisam perceber uma ligação explícita entre o que estão aprendendo no treinamento e o que será necessário para que sejam bem-sucedidos em suas carreiras no longo prazo.

À medida que você investir no ensino do modelo conector, recomendamos que esclareça como o treinamento ajudará seus gerentes a crescerem em suas carreiras. Pilowsky chegou a essa conclusão enquanto elaborava uma nova solução de desenvolvimento para gerentes na Amdocs. Por fim, chegou à conclusão de que *dizer* a eles como mudar seria um exercício que não geraria resultados. Em vez disso, ela incluiu os gerentes diretamente no cerne do debate sobre suas funções. A solução de desenvolvimento da Amdocs era simples e sofisticada: convidar os gerentes para um exclusivo "passeio pelos dados", mostrando o feedback dos funcionários coletado pelo RH em pesquisas de engajamento internas e sites públicos de avaliação realizada por colaboradores, como o Glassdoor. Os dados mostravam o sentimento geral dos funcionários em relação aos gerentes da empresa e o provável impacto que essa percepção poderia ter sobre os negócios. Como a equipe de gerentes da Amdocs era composta de "especialistas em dados" autoproclamados, o modelo com grande quantidade de dados era perfeito para esses profissionais.

CRIANDO UMA EMPRESA CONECTORA   *187*

Mostrar aos gerentes como eles eram vistos não era uma tática de choque. Pelo contrário, seria o primeiro passo de um esforço mais amplo de envolvê-los na construção e redefinição do conceito de sucesso na empresa. Após a análise dos dados, os gerentes da Amdocs refletiram sobre como os comportamentos atuais poderiam impedir sua capacidade de alcançar futuros objetivos empresariais e, com essa conscientização, começaram a perceber que precisavam transformar sua abordagem. Para ir além do consenso de que *deveriam* adotar um novo plano real de evolução coletiva, os gerentes precisariam dar um passo adiante.

O RH poderia facilmente ter forçado sua própria definição de excelência e pedido aos gerentes que agissem. Mas uma abordagem puramente prescritiva acerca do desenvolvimento não os ajudaria a crescer em suas carreiras — o *ideal* era solicitar que estabelecessem o padrão de sucesso futuro. Em seguida, os gerentes realizaram um hackathon, usando dados reais de funcionários para descobrir os componentes mais importantes da futura função de gerente. Em outras palavras, eles estavam trilhando seu próprio caminho.

À medida que você direciona suas próprias equipes de gerentes ao modelo conector, é importante resistir ao impulso de *impor* a eles esse novo conceito. Como vimos, é importante permitir que uma gama mais ampla de gerentes cultive seu próprio conceito de como a abordagem conectora funcionará em suas funções e equipes.

Diversifique as Experiências Profissionais Conectoras

Com apenas 40 anos, Kat Cole é considerada jovem para seu cargo de executiva de alto escalão. De fato, como diretora de operações da Focus Brands — detentora do Moe's Southwest Grill, da Cinnabon e dos pretzels Auntie Anne's —, a idade de Cole pode ser o aspecto *menos* surpreendente de sua carreira, que tem sido uma jornada cheia de emoções, para dizer o mínimo.[7] A primeira surpresa na trajetória de Cole é sua formação. Ela tem um MBA pela Universidade do Estado da Geórgia — apesar de não ter qualquer diploma de bacharel. Sua experiência profissional é ainda mais surpreendente. Ela começou como garçonete no Hooters aos 19 anos — o segundo de dois empregos que tinha para sustentar sua mãe solo e os irmãos mais novos.[8]

A ética de trabalho de Cole era, sem a menor dúvida, impressionante, mas foi seu conhecimento natural de negócios que a levou muito cedo ao sucesso. Após várias franquias do Hooters serem inauguradas na Flórida enquanto ainda era adolescente, Cole foi convidada a abrir a loja da Austrália.[9] Ela dirá que esse foi o primeiro momento decisivo de sua carreira. Cole nem sequer tinha um passaporte quando a oportunidade lhe foi oferecida. Então, pediu um dia para considerar a proposta, voou de Jacksonville para Miami, ficou na fila para tirar um passaporte e imediatamente disse ao escritório corporativo do Hooters que aceitava. Em suas palavras: "Eles nunca souberam que precisei ir para Miami e que não possuía um passaporte. Alguns dias depois, voei para a Austrália."[10]

O tempo que passou na Austrália abriu as portas para um mundo inteiro de diferentes culturas, crenças e maneiras de trabalhar. Também foi um período difícil. Anos depois, ao refletir sobre esse *upgrade* de cargo, ela comenta: "O que me qualificava era que eu sabia como fazer bem meu trabalho e treinar outras pessoas para que desempenhassem bem suas funções. Mas isso não me tornava necessariamente capaz. Pelo menos não em minha mente. Fiquei lá por 40 dias, abri a primeira franquia e transformei o que eu pensava ser uma experiência única de vida em um pivot completo da minha carreira."[11]

CRIANDO UMA EMPRESA CONECTORA   *189*

Para separar momentos decisivos de carreira comuns aos conectores, como parte de nossa investigação quantitativa, pesquisamos experiências partilhadas por toda nossa equipe. Esperávamos encontrar um caminho objetivo para tornar-se um conector — e certamente um que fosse mais convencional do que o de Cole. Por exemplo, um estudo recente do LinkedIn realizado com 12 mil CEOs identificou um ponto em comum na trajetória desses diretores executivos: eles estudaram em um grupo seleto de faculdades de administração renomadas.[12] Prevíamos algo similarmente concreto para explicar a maioria dos conectores, mas o que descobrimos foi muito mais interessante e extremamente libertador. Constatamos que os gerentes conectores, mais do que todos os outros tipos, são propensos a ter *experiências profissionais diversas*.[13] Ponto final. Especificamente, os conectores têm uma ampla variedade de escolhas profissionais, incluindo:

- exposição global;
- trabalho em equipes maiores;
- trabalho em equipes multiculturais e virtuais;
- trabalho em equipes híbridas compostas de funcionários de várias unidades de negócios;
- trabalho em tarefas complementares desafiadoras, mais indicadas para pessoas com cargos superiores; e
- acúmulo de maiores responsabilidades ao longo de suas carreiras.

Novamente, estas são boas notícias para aqueles que buscam preparar equipes pré-gerenciais para se tornarem conectoras. As estatísticas mostram que existem muitas formas de se tornar um conector. De fato, no caso de Cole, podemos constatar como experiências diversas moldaram seu sucesso. Ao longo de sua carreira, ela manteve uma filosofia de não apenas aceitar as oportunidades, mas também de criá-las para si mesma.[14] Certamente, um diploma de bacharel pode ser "necessário" para obter um MBA, mas a ampla experiência voluntária de Cole com organizações de serviços alimentícios além do Hooters proporcionou a ela valiosas conexões com executivos de alto nível e um portfólio de recomendações consistentes.

Independentemente de quais experiências de trabalho diferentes sejam enfatizadas em sua própria companhia, um aspecto é evidente: temos o ímpeto de criar um mercado de trabalho interno mais fluido dentro de muitas de nossas instituições. No entanto, a verdade é que a maioria dos funcionários dificilmente reconhece oportunidades de crescimento em diferentes partes da empresa. Embora os colaboradores entendam que as carreiras não são mais lineares e que *podem* encontrar oportunidades de emprego importantes em outras áreas do negócio, eles geralmente não sabem por onde começar essa busca. Muitos ficam desanimados se não conseguem identificar e planejar o acesso a oportunidades de crescimento, tanto laterais como diagonais, que podem levá-los ao seu próximo cargo ou função.

Ao reconhecer esse desafio de visibilidade, algumas empresas de grande porte começaram a oferecer ferramentas e recursos para que funcionários e gerentes discutissem planos de carreira futuros. Como um esforço para ajudar os colaboradores a criarem suas próprias carreiras não lineares com experiências profissionais diversificadas, em 2018, o McDonald's lançou recursos de planejamento de carreira guiados.[15] As ferramentas de planejamento profissional, que o McDonald's também planeja lançar em um aplicativo móvel, oferecem transparência não apenas em relação às habilidades para que se possa desempenhar um bom trabalho, mas também às necessárias para avançar em uma determinada carreira. Os funcionários podem usar esses recursos para identificar opções futuras de carreira e realizar, em seu próprio ritmo, módulos de treinamento para desenvolver as habilidades necessárias para outras funções.[16] Ao pensar em como mobilizar sua própria equipe a aproveitar experiências profissionais diversas, siga o exemplo do McDonald's e lembre-se de que aumentar a visibilidade é meio caminho andado.

Qual é a outra metade do caminho? Conseguir que funcionários tenham conversas sobre carreira com seus gerentes. Para ajudar a preparar sua força de trabalho para uma ampla gama de funções na empresa, a Hilton Hotels oferece suas próprias ferramentas de acompanhamento profissional e incentiva os funcionários a discutirem sobre suas carreiras em conversas com seus gerentes.[17] A abordagem ajuda colaboradores e gerentes a identificar caminhos para cargos futuros, usando tanto movimentos verticais quanto laterais — como em um jogo de xadrez.[18] Como parte de seu planejamento de carreira, a rede de hotéis pede aos funcionários que reflitam, junto com seus gerentes, quais habilidades eles já têm e quais precisam desenvolver para alcançar cargos futuros.[19] Ao incentivar os colaboradores a pensar, desde o início, em desenvolver-se para outros cargos, a Hilton consegue prepará-los para uma variedade maior de funções que surgirão em sua progressão na carreira.

Se houver interesse em fornecer experiências de trabalho diversas e criar conectores, mas não tiver as opções de mobilidade em longo prazo, considere uma inovação semelhante realizada pela Intel, chamada de instrumento de oportunidade de desenvolvimento (IOD), que opera em um horizonte temporal mais curto. O IOD possibilita que os funcionários se candidatem a tarefas de curto prazo, dedicando do toda ou parte de suas horas de trabalho a um projeto específico por um período definido. A plataforma oferece oportunidades de desenvolvimento de habilidades, conhecimentos e relacionamentos em outros setores do negócio, sem exigir que sejam feitas mudanças efetivas de cargo. A plataforma da Intel também facilita que os gerentes preencham lacunas de habilidades voltadas para projetos e experimentem possíveis pipelines de talentos em longo prazo. Em geral, o IOD ajudou a Intel a se tornar mais inovadora e menos isolada, e pôde auxiliá-la a criar conectores por meio de projetos interessantes e diversos.

Você não precisa ser a rede de hotéis Hilton, o McDonald's ou a Intel para criar conexões de desenvolvimento em grande escala. O número e a diversidade de canais de aprendizado disponíveis no mercado, assim como as soluções empresariais, nunca foram melhores. Certamente, você nem precisa investir em novas tecnologias para criar esses portais de compartilhamento de desenvolvimento ou pontos de conexão. As soluções de equipe comuns, incluindo Salesforce.com, Workday ou Microsoft Teams, para citar apenas alguns exemplos, já criam o espaço para identificar e rastrear pontos de conexão dedicados. Com certeza, você provavelmente já possui a tecnologia necessária para dar suporte aos seus gerentes conectores. Ao implementar tal solução, o importante é manter o modelo conector no centro de sua abordagem. Não deixe que as ferramentas de autoatendimento se tornem uma terra de ninguém, sem objetivo algum.

3. AUMENTANDO SUA DEMANDA POR COLABORADORES INDIVIDUAIS

Como observado no exemplo da Hilton, os funcionários geralmente têm dificuldade em conseguir tempo, espaço e confiança para mencionar o planejamento de carreira nas conversas diárias com seus gerentes. Embora seja essencial adaptar seus processos de treina-

CRIANDO UMA EMPRESA CONECTORA **193**

mento e recrutamento para desenvolver e localizar mais conectores, é igualmente importante considerar os participantes implícitos no outro extremo do relacionamento de gerenciamento — pessoas que não estão no pipeline de transformação conector, mas que, mesmo assim, têm seu trabalho impactado substancialmente. Como subordinados diretos podem ser afetados quando seus gerentes se tornam conectores? Como os colaboradores individuais precisarão mudar?

Embora muitas das táticas discutidas tenham os gerentes como objetivo, existem várias coisas que todos os funcionários podem fazer (e também parar de fazer) para ajudar os gerentes a operarem como conectores. Considere os relacionamentos recíprocos bidirecionais que os conectores cultivam com cada subordinado direto. Dado nosso foco anterior na conexão de funcionários (construir um entendimento inicial mais profundo acerca dos pontos fortes, das áreas de desenvolvimento e dos objetivos particulares de seu colaborador), é lógico que os conectores devem, com base em princípios, transferir parte de suas atividades de treinamento para outros, conforme discutimos na seção sobre conexões de equipe e de organização.

Lembra-se de Alex Kim, executivo sênior de RH da empresa de serviços financeiros que discutimos no Capítulo 2? Ele percebeu que era importante que gerentes e colaboradores individuais entendessem como seus comportamentos precisavam mudar na nova realidade da empresa. Kim e sua equipe conduziram grupos de foco com esses profissionais para aprenderem sobre os benefícios e desafios de trabalhar em uma organização mais horizontal. Nessas sessões, os gerentes refletiram sobre o fato de que não podiam mais ser os únicos detentores de orientação e treinamento para todos os funcionários. Com ampla responsabilidade, gerentes são forçados a recorrer aos outros para fornecer treinamento e feedback. Alguns disseram que precisavam delegar tarefas de treinamento a funcionários que sabiam ser capazes (por exemplo, colegas de equipe mais experientes e/ ou companheiros de equipe com conhecimento especializado). Um colaborador individual compartilhou: "Em relação à perspectiva dos subordinados, vivenciei o benefício [do modelo conector] ao assumir mais responsabilidades. Eu esperava ter a oportunidade de melhorar. Antes, a cultura era mais hierárquica, mas agora posso ir além de apenas fazer anotações. Conduzo reuniões com líderes seniores, mesmo como colaborador individual."

Com a abrangência de controle do gerente, enquanto o porte geral das empresas geralmente permanece o mesmo, as oportunidades de ingressar no setor de gestão de pessoas são, naturalmente, mais limitadas. Colaboradores individuais muito competentes podem estar esperando há mais tempo para se tornarem gerentes. Enquanto aguardam, não precisam ficar à toa. Eles podem e devem tomar a iniciativa de conduzir sua própria carreira e desenvolvimento. Segundo outro colaborador individual: "Os gerentes sempre tiveram a responsabilidade de expandir as carreiras das pessoas, mas agora os colaboradores individuais percebem que os gerentes não conduzirão essa missão. Se os subordinados diretos querem fazer algo, precisam seguir adiante." Em geral, os funcionários devem reivindicar maior propriedade em vez de aguardar tarefas ou escolhas profissionais que lhes interessem.

Em uma verdadeira empresa conectora, não são apenas os gerentes que se tornam conectores. Os subordinados diretos também devem ir além do recebimento passivo de feedback e treinamento. Eles precisam contribuir ativamente para o relacionamento de treinamento, sendo mais diretos sobre suas necessidades de crescimento, buscando conexões e desenvolvendo seus colegas. O RH e os gerentes devem ser claros quanto às novas expectativas para os colaboradores individuais. Se eles não evoluírem, o sistema não funcionará.

Por fim, sabemos que alguns funcionários solicitam treinamento e feedback contínuos — vemos isso com mais frequência em equipes no início de carreira e em segmentos demográficos específicos. É imprescindível que os gerentes definam o tom e as expectativas para o tipo de desenvolvimento que fornecerão. Em outras palavras, embora a orientação *não* seja constante, ela será direcionada para atender às necessidades específicas e adaptada à medida que se conhecerem melhor e trabalharem mais em equipe.

FAÇA VOCÊ MESMO: CRIANDO UMA EMPRESA CONECTORA

Independentemente de se ter ou não o comprometimento organizacional e os recursos para gerar uma transformação conectora holística, há várias etapas importantes que você pode executar para começar a construir uma empresa conectora.

Primeiro, o foco deve ser direcionado para mudar corações e mentes entre seus colegas de gerenciamento. Gerentes em contextos e funções variadas na empresa devem perceber que não apenas o modelo disponível de treinamento é insustentável e ineficaz, mas que a abordagem conectora também vence em todos os sentidos. Essa mudança de mindset deve incorporar elementos de autodescoberta, nos quais os profissionais usam sua própria linguagem e até atividades para descobrir uma nova versão da função de gerente que melhor condiz com o modelo conector. Quer você conecte os gerentes para redefinir a excelência gerencial em um grupo, quer inicie uma discussão mais pontual sobre o papel do gerente no treinamento atual de funcionários, é possível atuar como um facilitador especialista nessas configurações.

Em seguida, para ir além do ensinado ao desenvolver gerentes conectores de hoje e amanhã, pense em como você pode criar oportunidades para trazer diversidade às carreiras dos funcionários. Aceitar novas e diversas oportunidades de trabalho amplia a mente dos funcionários e estabelece características conectoras fundamentais. Conforme discutido, considere as técnicas de recrutamento recomendadas para atrair futuros gerentes conectores. Por exemplo, incentive os conectores a ajudarem a moldar as descrições de cargos gerenciais e a terem contato com fortes candidatos antes da contratação. A conclusão é que você deve criar uma marca de contratação conectora que mostre aos possíveis funcionários o que eles podem esperar se forem gerentes em sua empresa: conexão.

Finalmente, a redefinição da excelência gerencial em sua empresa não deve se limitar aos gerentes. Seu processo deve incluir a função dos subordinados diretos. Colaboradores individuais podem assumir suas próprias responsabilidades e atividades, apoiando, assim, a abordagem conectora. Eles podem treinar e desenvolver colegas, compartilhar seus pontos fortes em reuniões de equipe e muito mais. Considere formas pelas quais você pode se comunicar e interagir com funcionários de todos os níveis com maior eficácia, não apenas gerentes.

FERRAMENTAS PARA CRIAR UMA EMPRESA CONECTORA

- *Modelos de Perguntas para Entrevistar Gerentes Conectores* — Esta ferramenta (disponível na página 234) fornece exemplos de perguntas para entrevista que ajudam na contratação de possíveis gerentes conectores.

CRIANDO UMA EMPRESA CONECTORA   *197*

SUMÁRIO EXECUTIVO

1. Além de recorrer aos gerentes conectores individuais, as empresas podem ampliar os benefícios do modelo conector, aplicando-o a toda sua estrutura.

   Gerentes de linha de frente, gerentes intermediários, profissionais de recursos humanos e líderes seniores desempenham um papel na criação de uma empresa conectora.

2. As organizações devem redefinir seus padrões de excelência para que os gerentes desenvolvam um perfil de gerente conector que seja compatível com a definição de treinamento eficaz.

   As qualidades exemplares dos conectores a serem desenvolvidas incluem curiosidade intelectual e humana, autoconsciência e transparência, flexibilidade e receptividade, coragem e generosidade criteriosa.

3. Ao solicitar contribuições dos conectores para o processo de recrutamento e buscar qualidades conectoras nos candidatos, as empresas atrairão mais gerentes desse tipo.

   Altere o perfil de contratação usando as perguntas para entrevistar conectores disponíveis na página 234. Steve Howell mudou o perfil de recrutamento de chefs executivos a fim de que se assemelhasse ao modelo conector.

4. Para que os gerentes se tornem conectores, as empresas devem demonstrar a esses profissionais o valor de mudar seu estilo de gerenciamento.

   A Amdocs conduziu um hackathon em que apresentou dados reais de funcionários para ajudar os gerentes a perceberem os benefícios de mudar a forma como gerenciam.

5. As organizações devem fornecer aos gerentes atuais e futuros diversas experiências profissionais para desenvolver qualidades conectoras.

   Avalie as experiências conectoras mais valiosas (por exemplo, grandes equipes, tarefas complexas) e trabalhe com o RH para desenvolver possíveis carreiras como na rede Hilton ou no McDonald's.

6. Em uma empresa conectora, é preciso ser claro sobre a demanda por colaboradores individuais, incluindo maior autonomia de trabalho, maior responsabilidade pelo próprio crescimento profissional e mais esforço para refletir sobre conversas de treinamento e experiências de desenvolvimento.

CONCLUSÃO

Tornando-se Superconectores

Conquiste sua liderança todos os dias.[1]
— *Michael Jordan, ex-jogador profissional de basquete*

Você aprendeu a técnica para se tornar um conector, ou talvez faça parte dos 25% de gerentes que já *são* conectores. E agora?

Se você leu este livro com atenção, não ficará nem um pouco surpreso ao saber que o alcance dos gerentes conectores amplia o sucesso ao longo de suas carreiras. À medida que aumentam sua influência e autoridade organizacional, geralmente, os conectores seniores se empenham em expandir ainda mais seu impacto. Algumas das histórias de líderes empresariais que compartilhamos proporcionam uma ideia do poder que esses gerentes podem adquirir ao longo do tempo. "Superconectores" é a nossa denominação para essa categoria superior de líderes — o patamar mais elevado de influência e eficácia que os gerentes que dominam o modelo conector devem almejar.

Os superconectores são orquestradores que exercem *influência por* toda a empresa, espalhando os princípios conectores para mais funcionários. Para aprofundar o significado de ser um superconector, destacaremos três atividades principais que esses profissionais devem coordenar em suas empresas. Preferencialmente, você terá ideias e desenvolverá estratégias inspiradas nessas características durante toda sua *própria* carreira excelente.

CRIE A INFRAESTRUTURA CONECTORA

O primeiro, e frequentemente mais impactante, investimento que líderes seniores podem fazer para dimensionar e dar suporte ao modelo conector é criar sistemas, processos ou plataformas que facilitem a conexão de funcionários — chamamos esses sistemas de *infraestrutura conectora*. Um exemplo consistente de infraestrutura conectora é o lançamento da plataforma Coach Me, da IBM, comandado por Patrick Brossard, líder de negócios da IBM.

Hoje, se você possui meios de garantir financiamento e recursos para um novo sistema ou plataforma da empresa, então, pode criar a arquitetura conectora. Por outro lado, lembre-se de que, no caso do Coach Me, os próprios funcionários de Brossard demonstraram as habilidades necessárias para criar a plataforma de forma *gratuita* e no formato produto mínimo viável, simplesmente usando suas competências e a compreensão de um verdadeiro desafio de negócios. Portanto, se não puder obter um financiamento inicial para investir na infraestrutura conectora, pense em outras formas de aproveitar o talento interno. Independentemente de o suporte necessário ser monetário ou não, tente impulsionar sua posição na empresa e aproveitar o poder de sua rede para *garantir apoio* à sua ideia.

Além de executar a parte mais prática da criação de novos processos ou estruturas de conexão, os superconectores podem e devem desempenhar papel integral na *promoção das formas de trabalho conectoras*. No caso de Steve Howell, executivo da empresa de jogos da África do Sul, sua paixão pelo modelo conector era evidenciada diariamente em pelo menos uma conversa. Além de incluir o modelo conector nos programas de treinamento gerencial em todos os níveis, Howell informalmente se intitulara "embaixador dos conectores" em sua empresa. Ele reservava horas de expediente para discutir os desafios individuais de treinamento enfrentados por gerentes — um compromisso voluntário que ultrapassava seu "trabalho principal".

Reconhecer a importância da simplicidade e do toque pessoal nesses exemplos é vital. No caso de Howell, criar um "horário oficial" para a prática conectora foi uma maneira de promover o modelo sem aparatos tecnológicos, mas gerando alto impacto. Em outras palavras, *mantenha a simplicidade e a centralidade de seu objetivo* ao projetar soluções corporativas para estabelecer conexões. Em nossa pesquisa na Gartner, observamos, em muitos casos, diversos programas e plataformas tecnologicamente avançados falharem, pois as soluções eram muito complexas ou não se encaixavam perfeitamente no trabalho dos funcionários. A capacidade de um líder de se conectar a uma necessidade real de negócios e atrair recursos para resolvê-la de uma maneira adequada ao contexto empresarial é um fator crítico para o sucesso.

CONTINUE FOCADO NO TREINAMENTO

Os superconectores não perdem de vista suas próprias responsabilidades de treinamento, mesmo quando horários e responsabilidades se tornam esmagadores. Eles mantêm relações próximas de treinamento com suas equipes e reservam espaço em suas agendas para fornecer orientação (criteriosamente) a outras pessoas de dentro e fora da empresa.

Utilizamos aqui o termo "criteriosamente" porque, naturalmente, os superconectores têm cada vez menos tempo para agir de modo ativo no desenvolvimento alheio. Observamos algumas das pessoas mais bem-sucedidas em nossa sociedade tentarem utilizar seus recursos e conexões para resolver questões aparentemente insolúveis, tornando-se filantropos ou humanistas. Mas como Bill Gates, um dos filantropos mais conhecidos do mundo, admite: "A filantropia eficaz exige muito tempo e criatividade — o mesmo tipo de foco e habilidades exigidos para construir um negócio."[2] Assumir todas as causas importantes dentro de sua própria empresa pode ser tentador. Porém, para ser um superconector de sucesso, você deve pensar nos princípios originais da conexão: treinar com base em seus pontos fortes e se conectar com outros em prol do restante da equipe. Ao aumentar sua influência, resista à tentação de ensinar e desenvolver todos. Em vez disso, *encontre e concentre-se no seu "propósito" de treinamento*, o qual deve idealmente ser a área de interseção entre sua expertise profissional e seus interesses pessoais — seu projeto dos sonhos, por assim dizer.

No espectro do equilíbrio, os superconectores não apenas continuam a treinar os outros à medida que sobem na hierarquia de suas empresas, eles também *continuam a buscar treinamento* em fontes não hierárquicas ao seu redor. A ideia de que o treinamento pode e deve vir de qualquer lugar não muda quando você se torna um superconector, mas a sua capacidade de fazer conexões significativas com funcionários de cargos mais baixos pode ser prejudicada. É por isso que líderes como Ed Catmull mantêm uma política de receptividade e permanecem buscando proativamente conselhos e ideias de pessoas de todos os níveis. Os superconectores acolhem toda a organização como um esforço para criar conexões humanas novas e não hierárquicas — e, em troca, se beneficiam disso.

TORNE-SE UM ÍMÃ DE CONECTORES

Como consequência de sua maior influência, os superconectores adquirem mais responsabilidades. Seu alcance em grandes instituições explica o fato de serem amplamente conhecidos e respeitados, com reputações que os precedem. Isso cria uma enorme oportunidade de atrair funcionários interessados em construir carreiras por meio de conectores, sejam eles de outros setores da empresa ou de fora dela. Sabemos que aqueles que se interessam por conectores têm maior probabilidade de *se tornarem* um deles — logo, atrair mais talentos é uma responsabilidade e um principal fator em comum dos superconectores.[3]

Os superconectores não atraem magicamente as pessoas mais talentosas. Em muitos casos, eles atuam como *embaixadores da marca de suas empresas*, participando ativamente de processos de recrutamento, mantendo contato com suas universidades e redes, como ex-alunos de destaque, e regularmente palestrando em eventos do setor. Os superconectores podem ser um grande trunfo na reformulação das avaliações dos gerentes no Glassdoor, percepções dos CEOs e muito mais. Observe o extremo exemplo de Kat Cole: ela pessoalmente responde todos os tuítes que recebe, publica artigos no LinkedIn (em sua maioria sobre a importância do treinamento e do desenvolvimento) e mantém mais de 300 mil seguidores na plataforma até o momento.[4]

À medida que você avança na hierarquia empresarial, os funcionários da base podem começar a considerá-lo inacessível ou intimidador. Esta é simplesmente a natureza da hierarquia, certo? Mas para progredir no esquema conector, os superconectores ativamente se afastam da reputação de "inacessíveis", *tornando-se cada vez mais abertos ao compartilhamento*. Eles desenvolvem uma persona pública de vulnerabilidade e disponibilidade para crescer. Ao se exporem como imperfeitos ou "em desenvolvimento", constatamos repetidamente o crescimento da influência e melhora na reputação e carreira desses líderes.

Independentemente se você já for um líder ou alguém que deseja alcançar maiores níveis de liderança no futuro, esperamos que as lições aprendidas com os superconectores — e com o modelo conector como um todo — sejam proveitosas. Certamente adquirimos muito conhecimento com os líderes que compartilharam suas histórias neste livro e nos sentimos inspirados por suas lições de conexão. Se há uma coisa que aprendemos — e esperamos que você também — é que a abordagem conectora é acessível a qualquer um que deseje se tornar um gerente mais eficaz e, ao mesmo tempo, ajudar outras pessoas a alcançarem sucesso em suas carreiras.

Apêndice 1
Plano de Ação do Gerente Conector

Prepare-se

Entenda sua abordagem de treinamento e aprenda sobre as qualidades de liderança necessárias para se tornar um gerente conector.

1. **Faça o quiz "Que Tipo de Gerente É Você?".** Avalie sua abordagem dominante de treinamento e desenvolvimento com sua equipe. Dependendo do seu tipo de gerenciamento, entenda os pontos que podem levar sua abordagem de treinamento a resultados abaixo do ideal.

2. **Fique atento a possíveis gatilhos da abordagem disponível.** Independentemente do seu tipo de gerenciamento, esteja ciente dos possíveis gatilhos que podem levar você a usar táticas disponíveis. Momentos de muita pressão, reconhecimento da perda de controle ou conflitos em potencial são alguns deles. Entenda que, às vezes, você pode fazer suposições incorretas sobre os funcionários. Faça perguntas para descobrir suas reais dificuldades de desempenho.

3. **Esteja ciente de seus pontos fortes e fracos como treinador.** Reflita sobre as áreas em que você possui habilidades, expertise e conhecimentos que poderiam ser úteis para os outros. Priorize o treinamento nessas áreas, pois elas terão mais impacto sobre as pessoas que você gerencia. Avalie domínios nos quais você pode não ter conhecimento ou habilidades — estas são as áreas de treinamento que de-

mandarão conexões alternativas de desenvolvimento para sua equipe.

4. **Conheça as qualidades de liderança de um conector.** Para ser um conector, você deve cultivar as cinco qualidades de liderança implícitas em cada conexão feita pelos conectores. Essas qualidades de liderança são *curiosidade sobre pessoas e ideias, coragem em situações desafiadoras, transparência e auto-consciência, receptividade para aprender com perspectivas diferentes e generosidade criteriosa*. Avalie as etapas para começar a implementar essas qualidades em seu fluxo de trabalho.

A Conexão de Funcionários: Conheça (Realmente) Seus Funcionários

Conecte-se com seus funcionários, diagnosticando suas necessidades de desenvolvimento individuais e personalizando sua abordagem de treinamento e feedback.

1. **Alto investimento em diagnóstico:** Para ajudar seus funcionários a terem êxito, você precisa entender as necessidades, os interesses e as aspirações de seus subordinados diretos. Construir uma base de confiança com os funcionários é vital para que eles compartilhem seus pensamentos. Tonika Cheek Clayton, do NewSchools Venture Fund, faz perguntas do tipo: "Como posso ajudá-lo?" e demonstra confiança por meio de suas ações para mostrar aos colaboradores o comprometimento com seu sucesso. Faça questionamentos que gerem confiança, compreensão acerca do contexto dos funcionários e soluções de desenvolvimento usando a *Lista das Perguntas de Conectores Mais Poderosas*.

PLANO DE AÇÃO DO GERENTE CONECTOR   *207*

2. **Treinamento para a pessoa, e não para o problema.** Não caia na armadilha de acreditar que você pode sempre resolver os mesmos problemas dos funcionários da mesma maneira. Lembre-se de que eles podem estar em diferentes níveis de disposição para se desenvolver e ajuste seu treinamento de acordo. Flexibilize sua abordagem de feedback e treinamento com base na receptividade de seus colaboradores. Aplique a estrutura de *Disposição para Se Desenvolver* e os *Principais Momentos para Treinamento,* do eBay.

3. **Ser positivo, mas estar preparado para ser incisivo.** Embora seja importante incentivar os funcionários com feedback positivo, não deixe de dar um feedback mais incisivo aos seus subordinados diretos quando preciso. Ao fornecer feedback, a executiva de mídia Fran Hauser dissocia o resultado das pessoas, como forma de tornar as críticas menos pessoais e mais produtivas. Seja específico e inteligível ao fornecer feedback, para que os funcionários entendam claramente o tema e a importância dos comentários.

Conexão de Equipe: Torne o Desenvolvimento um Esforço Coletivo

Conecte os funcionários a seus colegas para que haja desenvolvimento, criando um ambiente em equipe capaz de reconhecer e incentivar o treinamento colaborativo.

1. **Motive para ajustar o ambiente de equipe.** Entender as motivações de seus subordinados diretos é crucial para ajudá-lo a preparar sua equipe para o sucesso. Use as ferramentas de avaliação dos fatores de motivação (disponível na página 226) como exemplo do que perguntar à sua

equipe para descobrir o que mais a motiva no trabalho. A fim de compreender como atender seus funcionários, Anita Karlsson-Dion, da IBM, faz perguntas como: *"O que o deixaria mais animado para trabalhar todos os dias?"*, *"O que, como empresa, poderíamos fazer melhor?"* e *"Como podemos intensificar nossa inovação?"*. Você pode incorporar as motivações de sua equipe à maneira como delega projetos, comunica prioridades e gerencia as atividades diárias.

2. **Identifique e aceite as diferenças.** Incentive os indivíduos a compartilharem diferentes opiniões, bagagens e experiências, visando desenvolver confiança de equipe, novas habilidades e melhorar os resultados. Estimule o conflito produtivo encorajando os membros da equipe a compartilhar novas ideias e perspectivas. Solicite diversos pontos de vista internos e externos ao tomar decisões que possam afetar a equipe ou a empresa. Considere a implementação de um processo ou uma rotina que faça com que os membros de sua equipe se sintam mais incluídos.

3. **Ritualize o compartilhamento de habilidades.** Desenvolva uma cultura de compartilhamento de habilidades em sua equipe para que os funcionários consigam aprender com seus colegas. Use exercícios como o Each One, Teach One para criar oportunidades de compartilhamento de conhecimentos e habilidades entre os funcionários da equipe. Reconheça e recompense esses comportamentos sempre que presenciá-los. Identifique e viabilize oportunidades criativas de compartilhamento de habilidades em sua empresa e equipe.

A Conexão de Organização: Garanta a Qualidade — Não Apenas a Quantidade — das Conexões

Ajude os funcionários a aprenderem e se conectarem com as pessoas e oportunidades adequadas para treinamento e desenvolvimento dentro e fora da organização.

1. **Tornar-se cartógrafo:** Encontre e aproveite os principais pontos de contato, sejam eles óbvios ou inusitados, como parceiros de RH, que podem ajudá-lo a determinar em quais áreas da empresa as habilidades prevalecem. Expanda sua possível rede de contatos para ajudar sua equipe, mesmo fora da empresa. Assim como Pranav Vora, da Hugh & Crye, considere acionar *terceiros benevolentes* para conectar sua equipe a empresas similares, parceiros externos ou clientes.

2. **Desenvolver rotinas de aquecimento e relaxamento.** Não apenas apresente os funcionários às conexões de desenvolvimento e saia de cena. Prepare seus funcionários para conversas de desenvolvimento, ajudando-os a pensar sobre o que desejam extrair delas. Depois que eles tiverem essas conversas, reflitam juntos sobre o que aprenderam e como planejam aplicar esse aprendizado no futuro.

3. **Moldar conexões adequadas.** Forneça treinamento em áreas nas quais você possui expertise para maximizar o impacto do tempo despendido. Para não ficar sobrecarregado, decida quanto tempo você tem a oferecer para treinamento e defina limites semanais ou mensais. Incentive os colaboradores a repassar aos outros o que aprenderam. Ofereça-se para treinar os funcionários de outros gerentes nas habilidades necessárias para incentivar outros profissionais a seguirem seu exemplo.

Apêndice 2
Quiz: Que Tipo de Gerente É Você?

Seção 1: Abordagem de Treinamento e Desenvolvimento

1. Ao *treinar e desenvolver* seus subordinados diretos/indiretos, qual das seguintes *abordagens* você costuma usar? (Se a sua abordagem preferida não estiver na lista, selecione a alternativa mais próxima.)

   a. Uso meu próprio julgamento para identificar as necessidades de desenvolvimento de meus subordinados diretos/indiretos e os ensino sozinho.

   b. Crio planos de desenvolvimento detalhados para meus subordinados diretos/indiretos e forneço treinamento e feedback constantes.

   c. Faço um diagnóstico das necessidades de desenvolvimento particulares dos meus subordinados diretos/indiretos, conecto-os aos melhores parceiros de desenvolvimento e garanto que aprendam efetivamente com os outros.

   d. Capacito meus subordinados diretos/indiretos a identificarem suas necessidades individuais e os incentivo a aproveitarem oportunidades de desenvolvimento relevantes.

Seção 2: Contexto do Funcionário

Em cada um dos seguintes *cenários de interação de treinamento e desenvolvimento com seus subordinados diretos/indiretos*, qual das abordagens

QUIZ: QUE TIPO DE GERENTE É VOCÊ?   *211*

abaixo você costuma usar? (Se a sua abordagem preferida não estiver na lista, selecione a alternativa mais próxima.)

2. Como você garante que seus subordinados diretos/indiretos obtenham o *melhor feedback* sobre seu desempenho de trabalho?

    a. Uso minha própria expertise na área de trabalho específica e forneço feedback com base nessa experiência.

    b. Forneço pessoalmente feedback constante sobre o trabalho de todos os meus subordinados diretos/indiretos.

    c. Forneço feedback direcionado sempre que posso; caso contrário, encontro a pessoa mais adequada a fornecê-lo.

    d. Forneço feedback aos meus subordinados diretos/indiretos quando solicitado por eles.

3. Como você *identifica* as áreas em que seus subordinados diretos/indiretos precisam de treinamento e desenvolvimento?

    a. Uso meu julgamento para determinar as maiores necessidades de desenvolvimento de cada subordinado direto/indireto, com base nos comportamentos observados.

    b. Utilizo um planejamento de desenvolvimento padrão para todos meus subordinados diretos/indiretos com base em suas funções.

    c. Faço um diagnóstico de habilidades únicas necessárias e causas implícitas por meio de diálogos de desenvolvimento com cada subordinado direto/indireto.

    d. Capacito meus subordinados diretos/indiretos a identificarem suas próprias necessidades de desenvolvimento.

212 APÊNDICE 2

4. Como você ajuda seus subordinados diretos/indiretos a *desenvolverem habilidades essenciais?*

    a. Treino meus subordinados diretos/indiretos com base em minhas experiências e habilidades pessoais.

    b. Informo meus subordinados diretos/indiretos sobre todos os recursos disponíveis e os ajudo a escolher.

    c. Conecto meus subordinados diretos/indiretos com treinadores e recursos adequados para o desenvolvimento de cada habilidade necessária e garanto que aprendam com essas interações.

    d. Encorajo meus subordinados diretos/indiretos a procurarem e participarem de treinamentos internos ou externos.

5. Como o *controle* das interações de treinamento e desenvolvimento com seus subordinados diretos/indiretos é dividido entre você e seus funcionários?

    a. Conduzido inteiramente por mim, sem nenhuma contribuição dos meus subordinados diretos/indiretos.

    b. Principalmente conduzido por mim, com algumas contribuições dos meus subordinados diretos/indiretos.

    c. Conduzido de certa forma por mim, com grande contribuição dos meus subordinados diretos/indiretos.

    d. Sem minha intervenção, com contribuição absoluta de meus subordinados diretos/indiretos.

Seção 3: Contexto da Equipe

Em cada um dos seguintes *cenários de interação de treinamento e desen-volvimento que acontecem em sua equipe*, qual das abordagens abaixo você costuma usar? (Se a sua abordagem preferida não estiver na lista, selecione a alternativa mais próxima.)

6. Que tipo de *ambiente* de *equipe* você cria para seus subordi-nados diretos/indiretos?

    a. Conduzido pelo líder: tento estabelecer um cenário no qual meus subordinados diretos/indiretos sempre me consultem primeiro.

    b. Informal: passo muito tempo interagindo com minha equipe em ambientes informais.

    c. Transparente: tento criar visibilidade, garantindo que as pessoas compartilhem suas metas de aprendizado entre si.

    d. Autônomo: interfiro minimamente, permitindo que minha equipe interaja livremente, tanto em situações formais quanto informais.

7. Como você *garante que os membros da sua equipe aprendam uns com os outros*?

    a. Durante reuniões de equipe, ensino as principais ha-bilidades que minha equipe precisa aprender e, então, reservo um tempo para perguntas.

    b. Prefiro que meus subordinados diretos/indiretos apren-dam as habilidades de que precisam diretamente comigo, em vez de aprenderem com outros membros da minha equipe.

c. Durante as reuniões de equipe, ofereço oportunidades para que meus funcionários aprendam uns com os outros sobre diversos tópicos.

d. Acredito que o aprendizado entre colegas de equipe esteja acontecendo, mas não o monitoro.

8. Como você ajuda seus subordinados diretos/indiretos a *desenvolverem-se no trabalho*?

a. Ofereço experiências profissionais semelhantes às que tive.

b. Crio tarefas desafiantes para meus subordinados diretos/indiretos e acompanho de perto seu progresso.

c. Conecto meus funcionários a outras pessoas que possam ajudá-los a adquirir desenvolvimento no trabalho e acompanho o processo para garantir que estão aprendendo.

d. Encorajo meus subordinados diretos/indiretos a buscarem e trabalharem em tarefas individuais desafiantes.

9. Como você gera *responsabilidade pelo treinamento colaborativo* dentro de sua equipe?

a. Seleciono um colega de trabalho como treinador quando tenho certeza de que ele atende aos meus padrões de treinamento.

b. Não incentivo a responsabilidade pelo treinamento colaborativo, mas me responsabilizo mais pelo treinamento de meus subordinados diretos/indiretos do que qualquer outra pessoa.

QUIZ: QUE TIPO DE GERENTE É VOCÊ? *215*

    c. Permito que minha equipe compartilhe seus pontos fortes e áreas de desenvolvimento e reconheço membros da equipe que fornecem treinamento eficiente para seus colegas.

    d. Encorajo meus subordinados diretos/indiretos a fornecerem feedback aos colegas, conforme julgarem necessário.

Seção 4: Contexto da Organização

Em cada um dos seguintes *cenários de interação de treinamento e desenvolvimento que acontecem além de sua equipe imediata,* qual das abordagens abaixo você costuma usar? (Se a sua abordagem preferida não estiver na lista, selecione a alternativa mais próxima.)

10. Como você ajuda seus subordinados diretos/indiretos a desenvolverem uma habilidade em uma área na qual *você não é capacitado?*

    a. Uso meu conhecimento acerca dessa habilidade para treinar meus subordinados diretos/indiretos.

    b. Tento aprender essa habilidade e ensiná-la aos meus subordinados diretos/indiretos.

    c. Trabalho para encontrar o parceiro de desenvolvimento ideal nessa habilidade e o conecto aos meus subordinados diretos/indiretos.

    d. Capacito meus subordinados diretos/indiretos a procurarem o melhor recurso/treinador para desenvolver essa habilidade.

216   APÊNDICE 2

11. Como você ajuda seus subordinados diretos/indiretos a *iniciar possíveis conexões de desenvolvimento* por toda a organização?

   a. Acredito que devo fornecer aos meus subordinados diretos/indiretos todo treinamento e desenvolvimento necessários.

   b. Acredito que devo fornecer aos meus subordinados diretos/indiretos a maior parte do treinamento e desenvolvimento, mas, caso seja necessário, indicarei um determinado parceiro.

   c. Ajudo meus subordinados diretos/indiretos a se conectarem com parceiros de desenvolvimento com base em suas habilidades necessárias, tanto atuais quanto futuras.

   d. Encorajo meus subordinados diretos/indiretos a procurar e construir conexões com parceiros de desenvolvimento, conforme necessário.

12. Como você garante que seus subordinados diretos/indiretos tenham *interações de treinamento e desenvolvimento* eficientes com outras pessoas?

   a. Defino a programação de interações de treinamento entre meus subordinados diretos/indiretos e seus parceiros de desenvolvimento.

   b. Costumo me conectar com meus subordinados diretos/indiretos para que me atualizem e participo das interações de treinamento.

   c. Ajudo meus subordinados diretos/indiretos a se prepararem para suas interações de treinamento, refletirem sobre o que aprenderam e aplicarem ao seu trabalho.

d. Confio em meus subordinados diretos/indiretos e seus parceiros para que estabeleçam interações de treinamento e desenvolvimento eficientes sem que eu precise intervir.

13. Como você mantém seus subordinados diretos/indiretos *informados sobre as oportunidades de desenvolvimento disponíveis* em sua organização?

a. Escolho as oportunidades de desenvolvimento mais adequadas com base nos objetivos da empresa e da equipe.

b. Mantenho meus subordinados diretos/indiretos informados sobre todas as oportunidades de desenvolvimento.

c. Repasso oportunidades de desenvolvimento relevantes que se alinham às necessidades e aos interesses atuais e futuros dos meus subordinados diretos/indiretos.

d. Capacito meus subordinados diretos/indiretos a procurarem as oportunidades de desenvolvimento mais relevantes e os apoio totalmente a realizarem esses treinamentos.

Folha de Pontuação do Quiz de Gerente Conector

Minha pontuação:

Número total de opções A _____

Número total de opções B _____

Número total de opções C _____

Número total de opções D _____

Como Interpretar Sua Pontuação:

Se marcou mais opções A, você é um gerente professor. Este tipo de gerente fornece feedback com base em conselhos, conduz o treinamento e o desenvolvimento dos funcionários e ensina a partir de sua própria expertise.

Se marcou mais opções B, você é um gerente disponível. Este tipo de gerente fornece feedback constante, direciona o treinamento e o desenvolvimento dos funcionários e capacita os colaboradores em uma ampla variedade de habilidades.

Se marcou mais opções C, você é um gerente conector. Este tipo de gerente fornece feedback objetivo, conecta funcionários a outras pessoas capazes de oferecer treinamento e desenvolvimento e cria um ambiente de equipe positivo.

Se marcou mais opções D, você é um gerente líder de torcida. Este tipo de gerente encoraja seus funcionários com feedback positivo, incentiva o autodesenvolvimento e têm uma abordagem de desenvolvimento sem interferência.

Apêndice 3
CONJUNTO DE FERRAMENTAS PARA GERENTES CONECTORES

A CONEXÃO DE FUNCIONÁRIOS

Alto Investimento em Diagnóstico:
Conjunto de Ferramentas para Gerentes Conduzirem uma Análise da Raiz do Problema. *222*

Treinamento para a Pessoa, e Não para o Problema:
Guia para Conversas de Desenvolvimento Focadas nos Funcionários. *224*

Ser Positivo, Mas Estar Preparado Para Ser Incisivo:
Guia para Conduzir Discussões de Feedback Construtivas. *226*

A CONEXÃO DE EQUIPE

Motive para Ajustar o Ambiente em Equipe:
Avaliação dos Fatores de Motivação da Equipe. *228*

Identifique e Aceite as Diferenças:
Guia para Criar Confiança Mútua em Equipes. *229*

Identifique e Aceite as Diferenças:
Modelo de Cartão para Funcionários. *231*

A CONEXÃO DE ORGANIZAÇÃO

Desenvolva Rotinas de Aquecimento e Relaxamento:
Guia de Preparação e Reflexão para Conversas de Desenvolvimento. *233*

CRIANDO UMA EMPRESA CONECTORA

Modelos de Perguntas para Entrevistar Gerentes Conectores. *234*

220 APÊNDICE 3

Alto Investimento em Diagnóstico: Conjunto de Ferramentas para Gerentes Conduzirem uma Análise da Raiz do Problema

Instruções: Utilize estas perguntas de reflexão para avaliar as causas implícitas dos problemas dos funcionários e garantir que você não esteja tirando conclusões erradas.

Conhecimento

Objetivo: Avalie se seus funcionários estão desprovidos de informações vitais para realizar seu trabalho.

- Você tem todas as informações e recursos necessários para alcançar sucesso em sua função?
- Você sabe o que deve priorizar em sua função?
- Forneço feedback suficiente sobre o seu desempenho?

Habilidades

Objetivo: Identifique as habilidades ausentes em seus funcionários e como estão lidando com essas lacunas.

- Quanto você acredita que seu conjunto de habilidades é condizente com o seu cargo atual?
- Você já realizou trabalhos similares no passado?
- Você já participou das experiências e ofertas de aprendizado que temos na empresa?

Motivação

Objetivo: Investigue a fundo para entender o que motiva seus funcionários diariamente no trabalho e fora dele.

- O que o motivou a assumir essa função?
- O que você considera mais empolgante em sua função?

- Você se sente inspirado a prosperar nesta empresa?
- O que o motiva em sua vida pessoal?

Carreira

Objetivo: Descubra como os funcionários autoavaliam seus pontos fortes e fracos, e os motivos pelos quais talvez ainda não tenham se dedicado a resolver problemas de desenvolvimento fundamentais.

- Quais competências se mostraram mais essenciais para o sucesso de sua carreira até agora?
- Quais de suas habilidades atuais o tornam um candidato externo competitivo?
- Quais lacunas de desenvolvimento você precisa solucionar antes de correr atrás de seus objetivos de carreira?

Ambiente

Objetivo: Descubra qualquer problema de gerenciamento de projeto, carga de trabalho, recursos ou comunicação.

- É difícil equilibrar suas prioridades? Por quê?
- Esta organização o apoia suficientemente para que tenha sucesso em sua função?
- Você recebe mensagens consistentes de todos da empresa?

Treinamento para a Pessoa, e Não para o Problema: Guia para Conversas de Desenvolvimento Focadas nos Funcionários

Avaliação da Disposição dos Funcionários para Se Desenvolverem

Instruções: Ao escolher um subordinado direto para participar deste exercício, selecione a opção que corresponde ao seu nível de concordância com as seguintes declarações sobre ele. Usando a escala de pontuação, reflita sobre como alinhar melhor as atividades de desenvolvimento com o nível de disposição de seu funcionário para se desenvolver.

Nome do Funcionário: _____

	1 Discordo	2 Discordo Parcialmente	3 Neutro	4 Concordo Parcialmente	5 Concordo
Meu funcionário tem um claro objetivo ou aspiração de carreira em mente.					
Meu funcionário manifestou interesse em desenvolver habilidades específicas.					

	1 Discordo	2 Discordo Parcialmente	3 Neutro	4 Concordo Parcialmente	5 Concordo
Meu funcionário é experiente em sua função atual.					
Meu funcionário aplica rapidamente novos aprendizados ao seu trabalho.					
Meu funcionário está pronto para assumir mais tarefas.					

Pontuação da Disposição para Desenvolvimento. _____

Escala de Pontuação da Disposição para Desenvolvimento:

19 a 25 Treine-o e desenvolva-o, por meio de rotação planejada, novas experiências de função ou promoções.

12 a 18 Treine-o e desenvolva-o, por meio de projetos ou atividades desafiantes.

5 a 11 Treine-o e desenvolva-o dentro do âmbito atual do cargo do funcionário.

Ser Positivo, Mas Estar Preparado para Ser Incisivo: Guia para Conduzir Discussões de Feedback Construtivas.

Instruções: Ao fornecer feedback construtivo, as discussões devem ser abertas, inovadoras e baseadas em fatos. Use as perguntas instigantes deste guia para refletir e preparar-se para discussões de feedback construtivas com subordinados diretos.

Característica da Discussão	Perguntas Preparatórias para Antes da Conversa	Perguntas de Reflexão para Depois da Conversa
• Aberta	• Por qual motivo estou dando esse feedback? Estou pronto para dar feedback capaz de ajudar meu subordinado direto? • Como posso promover uma discussão aberta e positiva? • Como posso garantir que a conversa seja bilateral?	• Permiti que o funcionário discutisse suas lacunas de desempenho comigo? • Ouvi a perspectiva do funcionário e a incorporei na minha análise da situação?

CONJUNTO DE FERRAMENTAS PARA GERENTES CONECTORES 225

Característica da Discussão	Perguntas Preparatórias para Antes da Conversa	Perguntas de Reflexão para Depois da Conversa
• Baseada em Fatos	• Posso identificar exemplos óbvios de pontos fortes do desempenho desse funcionário? Problemas de desempenho? • Como posso explicar um padrão no problema de desempenho do funcionário? • Como posso explicar as consequências, para a equipe e a organização, decorrentes da incapacidade de atingir padrões de desempenho?	• Expliquei ao funcionário como seus pontos fortes afetam positivamente seu desempenho? • Descrevi o impacto do comportamento do funcionário sobre a equipe e os negócios?
• Inovadora	• Quais são os próximos passos concretos que posso sugerir ao funcionário para solucionar os pontos fracos de seu desempenho? • Como posso motivar o funcionário a evitar erros futuros? • Como o funcionário pode usar os pontos fortes de sua personalidade para melhorar os pontos fracos no desempenho?	• Expliquei ao funcionário o resultado de mudança em seu comportamento? • Trabalhei com o funcionário a fim de identificar as próximos passos para solucionar consequências de seus erros?

226 APÊNDICE 3

Motive para Ajustar o Ambiente de Equipe: Avaliação dos Fatores de Motivação da Equipe

Instruções: Para avaliar os fatores de motivação particulares de sua equipe, utilize esta lista de cinquenta virtudes que normalmente motivam os funcionários. Entregue-a a eles e peça que selecionem seus cinco maiores fatores de motivação.

1. Ambição
2. Aspiração
3. Autenticidade
4. Autoridade
5. Aventura
6. Calma
7. Compaixão
8. Competitividade
9. Confiabilidade/ Cotidiano
10. Consistência
11. Controle
12. Crescimento
13. Criatividade
14. Desafio
15. Determinação
16. Diligência
17. Diversidade
18. Eficiência
19. Empatia
20. Entusiasmo
21. Equilíbrio
22. Estrutura
23. Excelência
24. Expertise
25. Fé
26. Foco
27. Generosidade
28. Honestidade
29. Humor
30. Igualdade
31. Independência
32. Inovação
33. Inteligência
34. Justiça
35. Liberdade
36. Ordem
37. Originalidade
38. Pertencimento
39. Poder
40. Precisão
41. Precisão
42. Realização
43. Receptividade
44. Satisfação Moral

45. Segurança	48. Viagem
46. Trabalho em Equipe	49. Visão
47. Variedade	50. Vivacidade

Após verificar a resposta de cada funcionário, apresente os resultados como um todo para ajudá-los a entender o que motiva o restante da equipe.

Algumas sugestões para ajudar a desencadear uma discussão com os funcionários sobre os fatores de motivação da equipe:

- O que isso nos diz sobre nossa equipe?
- Compartilhe um de seus fatores de motivação que não estava entre os dez principais.
- Quais são alguns dos desafios ou obstáculos em nosso atual trabalho que dificultam a motivação da equipe?
- O que podemos fazer para aumentar a motivação de toda a equipe?

Identifique e Aceite as Diferenças: Guia para Criar Confiança Mútua em Equipes

Oito Princípios de Construção da Confiança de Equipe

1. **Expresse a importância das diferentes perspectivas dos funcionários.** Reitere a missão e/ou objetivos em comum a serem trabalhados pela equipe, expressando o valor que cada membro agrega ao sucesso da missão.

2. **Solicite ativamente a contribuição dos funcionários.** Reconheça como a sua perspectiva isolada limita a tomada de

decisão e apresente o trabalho da equipe como uma oportunidade de aprendizado para tomar melhores decisões.

3. **Ouça ativamente e desenvolva a curiosidade.** Concentre-se nas discussões da equipe e faça perguntas esclarecedoras e reformuladas para garantir que você entenda o que cada membro está dizendo.

4. **Evite fazer suposições.** Garanta que suas declarações e respostas às afirmações de outras pessoas não sejam baseadas em suposições; ajude os membros da equipe a também evitarem declarações sem fundamento; e faça perguntas esclarecedoras quando necessário.

5. **Gerencie proativamente as expectativas.** Identifique áreas de possível desconexão, como prazos, restrições de recursos, agendas conflitantes e perspectivas diferentes. Esclareça quais prioridades conflitantes devem prevalecer em uma determinada reunião.

6. **Interaja com detratores com antecedência e frequência.** Identifique indivíduos que não estão convencidos do valor da inclusão ou que rejeitam a ideia de que a inclusão gera melhores desempenhos. Garanta que sua perspectiva seja trazida à tona e respeitada, e que eles respeitem e considerem as perspectivas alheias.

7. **Mantenha a confidencialidades das conversas de equipe.** No início da conversa, estabeleça normas sobre o que pode ser compartilhado fora da equipe. Mantenha o sigilo de cada fonte ao compartilhar temas ou perspectivas.

8. **Reconheça bons comportamentos.** Comece cada reunião de equipe reconhecendo seus êxitos específicos, que são resultado de uma atuação inclusiva entre seus membros, e promova o reconhecimento externo da equipe.

Identifique e Aceite as Diferenças: Modelo de Cartão para Funcionários

Instruções: Apresente este modelo aos funcionários para que criem cartões com seus pontos fortes, suas áreas de desenvolvimento e suas motivações. Os colaboradores podem compartilhá-los com o restante da equipe para criar consciência quanto às diferenças individuais. A seguir, um exemplo ilustrativo.

[Nome do Funcionário]

Biografia

Escreva uma pequena biografia para se apresentar, incluindo informações como:

- Cidade natal.
- Formação.
- Experiência.
- Interesses.

Pontos Fortes como Membro da Equipe

Reflita sobre os pontos fortes que você traz para a equipe e liste-os. Alguns exemplos:

- Bom ouvinte.
- Meticuloso.
- Organizado.
- Empático.
- Positivo.

Áreas de Desenvolvimento como Membro da Equipe

Reflita sobre suas áreas de desenvolvimento e liste-as. Alguns exemplos:

- Habilidades de comunicação.
- Raciocínio quantitativo.
- Gerenciamento de tempo.

Objetivos

Anote seus objetivos pessoais como membro da equipe. Algumas opções possíveis:

- Ser mais aberto com meus colegas de equipe.
- Aprender uma nova habilidade.
- Contribuir mais nas discussões de equipe.

Funções que Normalmente Desempenho

Reflita sobre as funções que você normalmente desempenha em ambientes de grupo. Alguns exemplos possíveis:

- Facilitador de discussões.
- Advogado do Diabo.
- Motivador da equipe.

CONJUNTO DE FERRAMENTAS PARA GERENTES CONECTORES *231*

Desenvolva Rotinas de Aquecimento e Relaxamento: Guia de Preparação e Reflexão para Conversas de Desenvolvimento

Instruções: A fim de preparar os funcionários para conexões de desenvolvimento, use os exemplos de programação de conversa e perguntas instigantes a seguir. Depois dessas conversas, peça a eles que reflitam sobre o que aprenderam, usando as perguntas pós-discussão.

CONVERSA PRÉ-CONEXÃO

Itens para Abordar	Perguntas Instigantes
<ul><li>Lacunas de habilidade ou conhecimento a serem solucionadas na conexão.</li><li>Perguntas ponderadas a serem feitas durante a reunião.</li><li>Desafios possíveis.</li><li>Resultados de desenvolvimento esperados.</li><li>Valor recíproco que pode ser oferecido pelo funcionário.</li><li>Cronograma de progresso.</li></ul>	<ul><li>Quais experiências, conhecimentos ou insights você pode utilizar durante a conversa?</li><li>Quais perguntas ponderadas você preparou?</li><li>Como você pode questionar as ideias e opiniões da sua conexão?</li><li>Como você acompanhará o que está aprendendo nestas sessões?</li><li>Quantas vezes e com que frequência você planeja se encontrar com suas conexões?</li><li>Que tipo de feedback você pode solicitar?</li></ul>

CONVERSA PÓS-CONEXÃO

Perguntas Instigantes	Perguntas que Promovem Autorreflexão
• Qual foi seu maior proveito da experiência? • O que você fará de diferente amanhã? • O que mais o surpreendeu? • Quais são seus próximos passos com esta conexão de desenvolvimento específica? • Em quais outras áreas de desenvolvimento você precisará continuar trabalhando? • Como você pode repassar parte do que aprendeu para o resto da equipe?	• Como meu subordinado direto reagiu à experiência? • Meu subordinado direto conseguiu o que precisava? • O que fiz de bom para facilitar esta conexão? • O que eu poderia ter feito de diferente? • Existe alguém que poderia ter sido mais adequado? • Como esta experiência afetará a influência do meu subordinado direto sobre a equipe em geral? • O que aprendi ao facilitar esta conexão?

Modelos de Perguntas para Entrevistar Gerentes Conectores

Comportamento

1. Conte-me sobre alguma ocasião na qual você solicitou treinamento ou orientação de um colega em vez de recorrer a seu gerente ou mentor oficial. Qual foi o resultado? *(Esta pergunta visa determinar se o candidato valoriza a busca por perspectivas diversas para se desenvolver.)*

2. Descreva um aspecto em que você não é bom. *(Esta pergunta tem o objetivo de revelar autoconsciência e transparência.)*

CONJUNTO DE FERRAMENTAS PARA GERENTES CONECTORES 233

3. Mencione um momento em que você sentiu que estava servindo de exemplo. *(Esta solicitação suscita o tipo de exemplo que os candidatos desejam ser para aqueles que os respeitam.)*

4. Você pode me dar um exemplo de algum momento em que falhou? O que fez depois? *(Esta pergunta mostra se os candidatos conseguem perceber que precisam mudar e se agem corajosamente em situações desafiadoras.)*

5. Você pode dar um exemplo de uma ocasião em que escutar ou fazer mais perguntas permitiu a descoberta de informações que mudaram seu ponto de vista? *(Esta pergunta analisa se o candidato demonstra curiosidade por pessoas e ideias.)*

Gerenciando Funcionários

1. Conte-me sobre um momento em que diagnosticou um problema de um funcionário e descobriu questões implícitas inesperadas. Quais perguntas você fez? Como conseguiu que o funcionário se abrisse? *(Esta pergunta avalia se um candidato é capaz de diagnosticar as necessidades dos colaboradores e fazer as perguntas certas.)*

2. Conte-me sobre a equipe que você gerencia atualmente. Quais são as motivações de seus funcionários e como você as explora? *(Aqui, as respostas devem indicar que o candidato conhece cada funcionário bem o suficiente para moldar o ambiente mais amplo.)*

3. Dê um exemplo de alguma vez em que usou experiências, bagagens ou perspectivas diferentes em sua equipe para atingir melhores resultados. *(Esta resposta mostra como os candidatos identificam e incorporam diferenças individuais dentro de uma equipe.)*

4. Descreva uma situação na qual você percebeu que não possuía a expertise que um de seus subordinados diretos precisava aprender. O que você fez? Como o ajudou a obtê-la? *(Esta pergunta avalia a autoconsciência e a capacidade do candidato de conectar seus subordinados diretos às conexões de desenvolvimento mais adequadas.)*

5. Você poderia me contar sobre uma situação em que foi além de sua função oficial para ajudar um subordinado direto ou outro funcionário da sua empresa? *(Esta pergunta tem como objetivo indicar comprometimento com o treinamento e disposição para agir em benefício dos colaboradores.)*

NOTAS

Capítulo 1: Que Tipo de Gerente É Você?

1. Xenophon, *The Memorable Thoughts of Socrates* (Londres: Cassell, 1894).
2. BBC News, "Thailand Cave Rescue: Boys Found Alive After Nine Days", 2 de julho de 2018, https://www.bbc.com/news/world-asia-44688909.
3. *The Week*, "Thai Cave Rescue: What Did the Boys Do While They Were Trapped?", 19 de julho de 2018.
4. Benjamin Haas e Luke Henriques-Gomes, "Rescue of Boys Trapped in Thai Cave Could Take Months, Military Warns", *Guardian* (edição norte-americana), 3 de julho de 2018.
5. BBC News, "Thai Cave Rescue: Drones, Dogs, Drilling and Desperation", https://www.bbc.com/news/world-asia-44652397.
6. Michael Safi e Jacob Goldberg, "Former Thai Navy Seal Diver Saman Kunan Dies Inside Cave from Lack of Air", *Guardian* (edição norte-americana), 6 de julho de 2018.
7. Nicola Smith e Nuttakarn Sumon, "Navy Seals Teach Thai Boys How to Dive Ahead of Dangerous Cave Extraction", *Telegraph*, 4 de julho de 2018.
8. *New York Times*, "Thai Cave Rescue: The Watery Trap Is Now Empty", 10 de julho de 2018. Michael Safi, Jacob Goldberg e Veena Thoopkrajae, "Thailand Cave Rescue Begins as Four of 12 Boys Freed in Day of Drama", *Guardian* (edição norte-americana), 8 de julho de 2018.
9. Organização Internacional do Trabalho, Key Indicators of the Labor Market, "Employment by Occupation — ILO Modelled Estimates, Nov. 2018", novembro de 2018, https://www.ilo.org/ilostat/faces/ilostat-home/home?_adf.ctrl-state=1xv29169b_41&_afrLoop=2445149727894909#!.
10. Gartner, Inc., *A New Manager Mandate* (11 de maio de 2017). Veja uma amostra da pesquisa em gartner.com/connector-manager.
11. Philip Arestis e Elias Karakitsos, *The Post "Great Recession" US Economy: Implications for Financial Markets and the Economy* (Hampshire, Reino Unido: Palgrave Macmillan, 2010).

236 NOTAS

12. *Human Resources Executive*, "How the Great Recession Changed American Workers", 19 de setembro de 2018, http://hrexecutive.com/how-the-great-recession-changed-american-workers/.

13. Gartner, Inc., *A New Manager Mandate*.

14. Gartner, Inc., *Open Source Change: Making Change Management Work* (23 de agosto de 2016). Relatório Interno. Não publicado.

15. Gartner, Inc., *Reskilling the Workforce* (10 de maio de 2018). Relatório Interno. Não publicado.

16. Ibid.

17. Gartner, Inc., *Gartner Survey Analysis 2018*. Não publicado.

18. Gartner, Inc., *A New Manager Mandate*.

19. Gartner, Inc., *Why Feedback Matters, and How to Improve It* (18 de novembro de 2014). Relatório Interno. Não publicado.

20. Gartner, Inc., *A New Manager Mandate*.

21. Ibid.

22. Ibid.

23. Gartner, Inc., *Gartner Survey Analysis 2018*.

24. Douglas McGregor, "An Uneasy Look at Performance Appraisal", *Harvard Business Review*, maio–junho de 1957.

25. Gartner, Inc., *Measuring Enterprise Contribution* (9 de outubro de 2014). Relatório Interno. Não publicado.

26. Gartner, Inc., *A New Manager Mandate*.

27. Gartner, Inc., *2018 Manager Development Benchmarking Report* (2 de abril de 2018). Relatório Interno. Não publicado.

28. Deloitte University Press, "Rewriting the Rules for the Digital Age: 2017 Deloitte Global Human Capital Trends", 27 de fevereiro de 2018.

29. Gartner, Inc., *A New Manager Mandate*.

30. Ibid.

31. Ibid.

32. Ibid.

Capítulo 2: As Limitações do Gerente Disponível

1. Kevin Lindsey, "John Wooden, Thank You for Being Such a Great Teacher", *Bleacher Report*, 5 de junho de 2010, https://bleacherreport.com/articles/401655-john-wooden-thank-you-for-being-such-a-great-teacher.

2. Chris Stokel-Walker, "What Would Happen if We Banned Work Emails at the Weekend?", BBC, 31 de agosto de 2018.

3. Iain MacDonald, "Majority of Care Professionals Falling Victim to the 'Always-On' Work Culture", *Care Appointments*, 14 de maio de 2018.

4. Shana Lynch, "Why Your Workplace Might Be Killing You", *Insights by Stanford Business*, 23 de fevereiro de 2015.

5. "Values", Olark.com, https://www.olark.com/values (acesso em 22 de janeiro de 2019).

6. Ibid.

7. Gartner, Inc., *Improving Feedback with Neuroscience* (29 de abril de 2015). Relatório Interno. Não publicado.

8. Gartner, Inc., *A New Manager Mandate*.

9. Ibid.

10. Ibid.

11. Ibid.

12. Tim Herrera, "Why It's So Hard to Hear Negative Feedback", *New York Times*, 26 de março de 2018.

13. Gartner, Inc., *A New Manager Mandate*.

14. Gartner, Inc., *Gartner Survey Analysis 2018*.

15. Gartner, Inc., *A New Manager Mandate*.

16. Scott Berinato, "Negative Feedback Rarely Leads to Improvement", *Harvard Business Review*, janeiro–fevereiro de 2018.

17. Gartner, Inc., *A New Manager Mandate*.

18. Ibid.

19. Ibid.

20. *Doctor Who*, "An Unearthly Child", BBC, 23 de novembro de 1963, criado por Sydney Newman, C. E. Webber e Donald Wilson.

Capítulo 3: O Gerente Conector

1. Adi Ignatius, "Managers Don't Have All the Answers", *Harvard Business Review*, julho-agosto de 2018.

2. Alina Eacott, "Thai Cave Doctor Trained Divers How to Administer Dangerous Sedative to Kids", Australian Broadcasting Corporation, 26 de julho de 2018, https://www.abc.net.au/news/2018-07-26/doctor-harry-harris-trained-thai-rescuers-to-administer-sedative/10039674.

3. Radhika Viswanathan e Elizabeth Barclay, "The 4 Risky Options to Rescue the Thai Boys Trapped in a Cave, Explained", Vox, 7 de julho de 2018, https://www.vox.com/2018/7/7/17541602/thai-cave-rescue-boys-options-diving.

4. France 24, "Rescued Thai Boys Were Sedated and Stretchered from Cave", 11 de julho de 2018, https://www.france24.com/en/20180711-thailand-cave-rescued-thai-boys-football-team-sedated-stretchered.

5. Steve George, "Thailand Rescue: Divers Start Mission to Free Boys Trapped in Cave", CNN, 8 de julho de 2018, https://www.cnn.com/2018/07/07/asia/thai-cave-rescue-intl/index.html.

6. Bill Hutchinson, "With All Odds Against Them, Here's How Rescuers Pulled Off 'Miracle' Thai Cave Mission", ABC News, 11 de julho de 2018, https://abcnews.go.com/International/odds-rescuers-pulled-off-miracle-thai-cave-mission/story?id=56509114.

7. France 24, "Rescued Thai Boys".

8. Charis Chang e Gavin Fernando, "Terrifying Details of Thai Cave Rescue Revealed by Divers", Fox News, 17 de julho de 2018, https://www.foxnews.com/science/terrifying-details-of-thai-cave-rescue-revealed-by-divers.

9. Matt Gutman, Robert Zepeda, Andrew Paparella, Alexa Valiente e Lauren Effron, "Thai Cave Rescuers, Who Sedated Boys, Coach to Get Them Out, Describe Harrowing Moment When First Boy Started to Come to During Rescue", ABC News, 26 de julho de 2018, https://abcnews.go.com/International/thai-cave-rescuers-sedated-boys-coach-describe-harrowing/story?id=56823541.

10. Michael Safi, "'We Don't Know How It Worked': The Inside Story of the Thai Cave Rescue", *Guardian* (edição norte-americana), 14 de julho de 2018.

11. Wayne Drash e Susan Scutti, "As They Are Rescued, Focus Shifts to Health of Boys on Thai Soccer Team", CNN, 9 de julho de 2018, https://www.cnn.com/2018/07/08/health/thai-soccer-team-health-impact/index.html.

12. Alina Eacott, "Thai Cave Doctor".

13. Amy Sawitta Lefevre, "'It Was Magical': Thai Boys Relive Their Discovery in Cave Ordeal", *Reuters*, 28 de julho de 2018, https://www.reuters.com/article/us-thailand-accident-cave/it-was-magical-thai-boys-relive-their-discovery-in-cave-ordeal-idUSKBN1K808Y.

14. Pichayada Promchertchoo, "Thai Cave Rescue: Authorities Exploring Shorter Route to Stranded Team", Channel News Asia, 5 de julho de 2018, https://www.channelnewsasia.com/news/asia/thai-cave-rescue-boys-monsoon-race-against-time-water-levels-10501090.

15. Michael Safi e Veena Thoopkrajae, "Thai Cave Rescue: Navy Seals Say Mission Came 'Close to Disaster'", *Guardian* (edição norte-americana), 11 de julho de 2018.

16. Gutman, Zepeda, Paparella, Valiente e Effron, "Thai Cave Rescuers".

17. James Hookway e Jake Maxwell Watts, "What Lies Beneath? Vague Mapping Complicates Thai Cave Rescue", *Wall Street Journal*, 8 de julho de 2018.

18. Adam Carlson, "Behind the Secret Plan to Rescue Boys Trapped in Thai Cave: 'The Only Option Was Knocking Them Out'", *People*, 7 de novembro de 2018.

19. Ibid.

20. Alina Eacott, "Thai Cave Doctor".

21. Gartner, Inc., *Gartner Survey Analysis 2018*.

22. Warren Berger, "Why Curious People Are Destined for the C-Suite", *Harvard Business Review*, 11 de setembro de 2015.

23. Francesca Gino, Todd Kashdan, David Disabato e Fallon Goodman, "The Business Case for Curiosity", *Harvard Business Review*, 1 de setembro de 2018.

24. Nathan Chan, "8 Differences Between 'Entrepreneurs' and 'Employees'", *Entrepreneur*, 22 de janeiro de 2016.

25. General Stanley McChrystal, "Spotlight: Changing the Way We Lead", entrevista realizada por Scott Engler, *Talent Angle*, Gartner, Inc., 18 de fevereiro de 2018.

26. Kate Leto, "What the Heck is Self Awareness and Why Should You Care?", *Medium*, 4 de junho de 2018, https://medium.com/the-ready/what-the-heck-is-self-awareness-and-why-should-you-care-4843ab6a7cfa.

27. Anjali Sud, "Being Vulnerable and Impatient at Amazon Prepared Me to Lead Vimeo", *Fast Company*, 31 de julho de 2018.

28. Ibid.

29. Ibid.

30. Ed Catmull e Amy Wallace, *Creativity, Inc.: Overcoming the Unseen Forces That Stand in the Way of True Inspiration* (Nova York: Random House, 2014).

31. Ibid.

32. Daniel Coyle, "Daniel Coyle", entrevista realizada por Scott Engler, *Talent Angle*, Gartner, Inc., 27 de julho de 2018.

33. Gartner, Inc., *Gartner Survey Analysis 2018*.

34. Barbara Bonner, "20 Qualities of the Generous Leader", *Huffington Post*, 18 de novembro de 2014, https://www.huffpost.com/entry/20-qualities -of-the-gener_b_6178960.

35. Yitzi Weiner, "'Be Generous with Your Time to Help Other People; Give of Your Time and Expertise: Leadership Lessons with Julie Tomich, SVP at American Express", *Medium*, 26 de setembro de 2018, https:// medium.com/authority-magazine/be-generous-with-your-time-to- help-other-people-give-of-your-time-and-expertise-with-julie-f2d d852eed68.

36. Gartner, Inc., *Gartner Survey Analysis 2018*.

37. Alan Benson, Danille Li e Kelly Shue, "Promotions and the Peter Principle", *National Bureau of Economic Research Working Paper no. 24343*, fevereiro de 2018.

38. Gartner, Inc., *Gartner Survey Analysis 2018*.

39. Ibid.

40. Ibid.

41. Ibid.

42. Ibid.

43. Gartner, Inc., *A New Manager Mandate*.

Capítulo 4: A Conexão de Funcionários

1. Das memórias de William Miller, editor, citado na revista *Life*, 2 de maio de 1955.

2. Gartner, Inc., *Infographic: Understanding and Managing the Millennial* (17 de junho de 2014). Relatório Interno. Não publicado.

NOTAS   *241*

3. Nancy Lewis, "Two Memorials to be Shrouded in Scaffolding", *Washington Post*, 30 de novembro de 1991.

4. Ibid.

5. Spokane Chronicle, "Lincoln and Jefferson Memorials Feeling Toxic Effects of Both Nature and Man", 17 de abril de 1990.

6. Joel Glass, "5 Whys Folklore: The Truth Behind a Monumental Mystery", *Kai Zone*, 19 de agosto de 2014, http://thekaizone.com/2014/08/5-whys-folklore-the-truth-behind-a-monumental-mystery/.

7. Ibid.

8. Ibid.

9. Ibid.

10. Paul J. Zak, "The Neuroscience of Trust", *Harvard Business Review*, janeiro-fevereiro de 2017.

11. Ibid.

12. United States Institute of Peace, "What Is Active Listening?", https://www.usip.org/public-education/educators/what-active-listening (acesso em 7 de março de 2019).

13. Harry Weger, Gina Castle e Melissa C. Emmett, "Active Listening in Peer Interviews: The Influence of Message Paraphrasing on Perceptions of Listening Skill", *International Journal of Listening*, 24 de janeiro de 2010.

14. G. Itzchakov, K. G. DeMarree, A. N. Kluger e Y. Turjeman-Levi, "The Listener Sets the Tone: High-Quality Listening Increases Attitude Clarity and Behavior-Intention Consequences", *Personality and Social Psychology Bulletin* 44, no. 5 (maio de 2018).

15. Gartner, Inc., *Gartner Survey Analysis 2018*.

16. Ibid.

17. Fran Hauser, "This Is My Secret to Giving Empathetic Criticism as a New Manager", *Fast Company*, 23 de abril de 2018.

18. Denise Restauri, "Nice Women Finish First When They Ask the Right Questions", *Forbes*, 7 de janeiro de 2016.

19. Stephanie Denning, "The Netflix Pressure-Cooker: A Culture That Drives Performance", *Forbes*, 26 de outubro de 2018.

242 NOTAS

Capítulo 5: A Conexão de Equipe

1. Aamar Aslam, "'None of Us Is as Smart as All of Us' — 3 Lessons on Teamwork", LinkedIn, 5 de julho de 2015, https://www.linkedin.com/pulse/none-us-smart-all-3-lessons-teamwork-aamar-aslam/.

2. Hell's Kitchen, "Day 1", Fox, 30 de maio de 2005, criado por Gordon Ramsay.

3. Patrick Lencioni, *The Five Dysfunctions of a Team: A Leadership Fable* (São Francisco: John Wiley & Sons, 2010). Deborah Ancona e Henrik Bresman, *X-Teams: How To Build Teams That Lead, Innovate, and Succeed* (Cambridge: Harvard Business Press, 2007).

4. Gartner, Inc., *A New Manager Mandate*.

5. Gartner, Inc., *Gartner Survey Analysis 2018*.

6. Gartner, Inc., *A New Manager Mandate*.

7. Sarosh Kuruvilla e Aruna Ranganathan, "Employee Turnover in the Business Process Outsourcing Industry in India", ILR School da Universidade Cornell, 2010, http://digitalcommons.ilr.cornell.edu/articles/1096.

8. Scott Stump e Josh Weiner, "How This High School Soccer Coach Brought a Divided Town Together", *Today*, 27 de fevereiro de 2018, https://www.today.com/news/how-high-school-soccer-coach-brought-immigrant-town-maine-town-t123948.

9. Scott Thistle, "Lewiston Mayor Tells Somalis to 'Leave Your Culture at the Door'", *Bangor Daily News*, 27 de setembro de 2012.

10. Bill Littlefield, "A Story of a Divided Maine Town, Somali Refugees and High School Soccer", WBUR, 6 de abril de 2018, https://www.wbur.org/onlyagame/2018/04/06/one-goal-amy-bass-maine-somali-refugees.

11. Amy Bass, *One Goal: A Coach, a Team, and the Game That Brought a Divided Town Together* (Nova York: Hachette Books, 2018).

12. Ibid.

13. Stump e Weiner, "How This High School".

14. Ibid.

15. Ibid.

16. Vern Myers, "Diversity Is Being Invited to the Party; Inclusion Is Being Asked to Dance", American Bar Association GPSolo eReport, junho de 2012.

17. Gartner, Inc., *Gartner Survey Analysis 2018*.

18. Matt Valentine, "What Is Productive Conflict and Why Should You Care?", Goalcast, 20 de fevereiro de 2018, https://www.goalcast.com/2018/02/20/productive-conflict/.

19. Jim Whitehurst, *The Open Organization: Igniting Passion and Performance* (Cambridge: Harvard Business Review Press, 2015).

20. Ray Dalio, *Principles: Life and Work* (Nova York: Simon & Schuster, 2017).

Capítulo 6: A Conexão de Organização

1. Hipólito, *Refutatio*, vol. 9, livro 9, seção 5.

2. Patrick Brossard, "User Profile", LinkedIn, https://www.linkedin.com/in/patrickbrossard/(acesso em 1 de fevereiro de 2019).

3. *Economist*, 26 de agosto de 2017, "Artificial Intelligence Will Create New Kinds of Work". Ben Rossi, "How Data Analytics Could Transform Your Business", *Raconteur*, 11 de dezembro de 2018. Danielle Paquette, "Robots Could Replace Nearly a Third of the U.S. Workforce by 2030", *Washington Post*, 30 de novembro de 2017.

4. Gartner, Inc., *Reskilling the Workforce*.

5. Gartner, Inc., *Q1 2018 Global Labor Market Survey* (2018). Relatório Interno. Não publicado.

6. Gartner, Inc., *2018 Shifting Skills Survey* (2018). Relatório Interno. Não publicado.

7. Ryan Daly, "Lessons in Leadership from Four Fallen Heroes", *Medium*, 27 de maio de 2016, https://medium.com/jet-stories/lessons-in-leadership-from-four-fallen-heroes-ba63cccb4453.

8. Ibid.

9. Ibid.

10. Adam Grant e Reb Rebele, "Beat Generosity Burnout", *Harvard Business Review*, janeiro de 2017.

11. Ryan Daly, "Lessons in Leadership".

12. Grant e Rebele, "Beat Generosity Burnout".

13. Ibid.

14. Ibid.

Capítulo 7: Criando uma Empresa Conectora

1. David Mermelstein, "Bell Epoque", *Wall Street Journal*, 9 de abril de 2012.

2. Maria Konnikova, "The Six Things That Make Stories Go Viral Will Amaze, and Maybe Infuriate You", *New Yorker*, 21 de janeiro de 2014.

3. Gartner, Inc., *A New Manager Mandate*.

4. Gartner, Inc., *The Decisive Candidate* (26 de junho de 2018). Relatório Interno. Não publicado.

5. Gartner, Inc., *Building a Productive Learning Culture: More Learning Through Less Learning* (19 de agosto de 2015). Relatório Interno. Não publicado.

6. Gartner, Inc., *The Digital Learner: Delivering an Effortless Learning Experience* (29 de junho de 2016). Relatório Interno. Não publicado.

7. Ally Bogard e Allie Hoffman, "On Resilience: How Kat Cole Rose from Hooters Hostess to President of Cinnabon", *Forbes*, 19 de dezembro de 2016.

8. Ibid.

9. Catherine Clifford, "How Kat Cole Went from Hooters Girl to President of Cinnabon by Age 32", *Entrepreneur*, 19 de agosto de 2013.

10. Ibid.

11. Bogard e Hoffman, "On Resilience".

12. David Egan, "Here Is What It Takes to Become a CEO, According to 12,000 LinkedIn Profiles", LinkedIn Talent Blog, 11 de junho de 2018, https://business.linkedin.com/talent-solutions/blog/trends-and-research/2018/what-12000-ceos-have-in-common.

13. Gartner, Inc., *Gartner Survey Analysis 2018*.

14. Catherine Clifford, "How Kat Cole Went".

15. Anne Fisher, "Why McDonald's Might Be Training Your Next Great Hire", *Fortune*, 8 de novembro de 2018.

16. Ibid.

17. Hilton, Career Planning Tips & Tools, 2017, "Managing Your Career at Hilton Worldwide", https://teammembers.hilton.com/careerpaths/careertipsandtools.php.

18. Hilton, Career Planning Tips & Tools, 2017, "Choosing the Right Career Direction", https://teammembers.hilton.com/careerpaths/careertipsand tools.php.

19. Hilton, Career Planning Tips & Tools, 2017, "Managing Your Career".

Conclusão

1. Deepak Malhotra, *Hungry People Better Results: Unleash the Fire Within to Win Continually in Life* (Nova Delhi: Bloomsbury, 2017).
2. Frank Kane, "Emirates Foundation Chief Champions 'Venture Philanthropy'", *National*, 31 de março de 2015.
3. Gartner, Inc., *Gartner Survey Analysis 2018*.
4. Caroline McMillan Portillo, "Former Cinnabon President Kat Cole Replies to Every Tweet from Her 16.6K Followers. Here's Why", *Bizjournals*, 2 de março de 2015, https://www.bizjournals.com/bizwomen/news/profiles-strategies/2015/03/former-cinnabon-president-kat-cole-replies-to.html?page=all. Kat Cole, "User Profile", LinkedIn, https://www.linkedin.com/in/katcole/(acesso em 28 de janeiro de 2019).

ÍNDICE

A

Accenture, 87
Alan Mulally, 72
Alex Kim, 35
Alison Kaplow, 26, 87
alto investimento em diagnóstico,
90–92
Amdocs, 182
Anita Karlsson-Dion, 26, 125
Anjali Sud, 73
aprimoramento de
desempenho, 24
aprimoramento de habilidades, 7
aspirações de carreira, 50
autoconsciência, 73

B

Brandy Tyson, 26, 133–135

C

call center, 44–45
centralidade de objetivo, 201
chefs de cozinha, 119–120
colaboração, 129
comportamento, 181
conectividade, 48

conexão, 57–58
de desenvolvimento, 50
de equipe, 62–65, 123–124
de funcionários, 59–62, 90
como fazer, 114–115
ferramentas, 116
de organização, 152
confiança e da coesão de
grupo, 140
conflitos, 48
produtivos, 135–138
conquistar a confiança, 93–96
contribuição empresarial, 13–14
coragem, 71
cultura da disponibilidade, 32–33

D

democratização da aprendizagem,
75
diálogos de desenvolvimento
bidirecionais, 25
dinâmica de trabalho
complementar, 74
disponibilidade
mitos, 36–46
disposição para se
desenvolver, 106–108
DSM, 177–178

248 ÍNDICE

E

eBay, 105–106
Ed Catmull, 74
Einat Pilowsky, 184
embaixadores da marca da
empresa, 203
empatia, 102
engajamento, 140
equipes
ambiente, 124–128
compartilhamento de
habilidades, 125, 138–141
conexão, 122
diferenças individuais, 124,
130–132
trabalho, 121–123
três mandamentos, 123–124
equipes dispersas, 35
escola, 133–135
excelência, 183–184
experiências profissionais, 188

F

feedback contínuo, 21–22
efeito deteriorante, 23
impacto negativo, 37
feedback corretivo
consequências, 40
first contact resolution, 45
força de trabalho diversificada, 21
Forças Armadas, 71–72
Fran Hauser, 112, 207
funcionários
desempenho, 23

G

Gartner, 11, 129, 143
generosidade, 76
gerenciamento
complexidade, 4–5
imprevisibilidade, 6
interdependência, 5
mudanças macroeconômicas, 5
novo modelo, 9
responsabilidades, 6
gerenciamento de desempenho, 11
gerente conector
como se tornar, 77
conjunto de ferramentas, 219–233
conversas de desenvolvimento, 61
curiosidade, 70
feedback, 61
plano de ação, 205–210
qualidades de liderança, 69–77
qualidades fundamentais, 179
recrutamento e seleção, 176–183
regras básicas, 90
versus disponível, 67
gerente disponível
como lidar, 49
comunicação, 48
desempenho dos funcionários, 38
feedback, 62
opiniões irredutíveis, 48
patrulhamento, 41
gerente líder de torcida, 80–82
networking, 83
versus conector, 82–83
gerente professor, 78–81

limitações, 80
versus conector, 80
gerentes
dilema, 33–34
gênero, 112
tipos
conector, 18–19
disponível, 17–18
líder de torcida, 19–20
professor, 16–17

H

habilidades
desenvolvimento, 140
tipos, 155–156
habilidades de escuta
como melhorar, 101–103
hierarquia, 74–75
Hilton Hotels, 191
Hugh & Crye, 159–160

I

IBM, 6–7, 125, 149–150
im Whitehurst, 137
inclusão, 133–135
indicadores de funcionário, 107
infraestrutura conectora, 200
Intel, 191

J

julgamentos rápidos, 48
Julie Tomich, 77

L

lições conectoras, 135
liderar pela intuição, 82

M

McDonald's, 190
Michael O'Leary, 139
Mike Dell, 69
Mike McGraw, 131
millennials, 21, 87
momentos de pressão, 48
motivações
identificar e monitorar, 129–130
obstáculos, 128
mudanças macroeconômicas, 5

N

Narongsak Osottanakorn,
governador, 26, 57

P

Patrick Brossard, 149–150
Paul Zak, 95–96
perda de controle, 48
perguntas baseadas no contexto,
96–98
Peter Drucker, 71
Pixar, 75
plano de desenvolvimento, 50
Pranav Vora, 26, 158
preparo em habilidades, 8

250 ÍNDICE

Q

qualidades conectoras, 178–180
quiz, 210–220

R

Ray Dalio, 139
receptividade, 109–111
recrutamento e seleção, 176–183
  entrevista, 181
recursos humanos
  executivos, 9
Red Hat, 137
resgate em Tham Luang, 55
  liderança, 57
resgate internacional, 2–3

S

Scott Engler, 72
situação de vida ou morte, 3
solidariedade, 102
Stanley McChrystal, 71
Stuart Asbury, 161
superconectores, 199–200

T

técnica do sanduíche, 111
tecnologias, 6
tempo livre, 49
tensões raciais, 130
terceiros benevolentes, 160, 209
Tham Luang
  resgate da caverna, 1–3
Tim Che, 78
time de futebol, 131–132
Tonika Cheek Clayton, 93–94
trabalhos complexos, 35
transparência radical, 72
treinamento, 34–35
  abordagem personalizada, 92
  corporativo, 9

V

Vern Myers, 132
Vimeo, 73
viralizar, 173–174
visibilidade, 190

W

Warren Buffett, 76

Projetos corporativos e edições personalizadas
dentro da sua estratégia de negócio. Já pensou nisso?

Coordenação de Eventos
Viviane Paiva
viviane@altabooks.com.br

Assistente Comercial
Fillipe Amorim
vendas.corporativas@altabooks.com.br

A Alta Books tem criado experiências incríveis no meio corporativo. Com a crescente implementação da educação corporativa nas empresas, o livro entra como uma importante fonte de conhecimento. Com atendimento personalizado, conseguimos identificar as principais necessidades, e criar uma seleção de livros que podem ser utilizados de diversas maneiras, como por exemplo, para fortalecer relacionamento com suas equipes/ seus clientes. Você já utilizou o livro para alguma ação estratégica na sua empresa?

Entre em contato com nosso time para entender melhor as possibilidades de personalização e incentivo ao desenvolvimento pessoal e profissional.

PUBLIQUE SEU LIVRO

Publique seu livro com a Alta Books. Para mais informações envie um e-mail para: autoria@altabooks.com.br

 /altabooks   /alta-books   /altabooks   /altabooks

CONHEÇA OUTROS LIVROS DA ALTA BOOKS

Todas as imagens são meramente ilustrativas.

 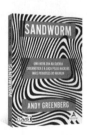

ROTAPLAN
GRÁFICA E EDITORA LTDA
Rua Álvaro Seixas, 165
Engenho Novo - Rio de Janeiro
Tels.: (21) 2201-2089 / 8898
E-mail: rotaplanrio@gmail.com